組織のなかのキャリアづくり

森 雄繁
mori katsushige

東方出版

まえがき

　"あなたは何ができますか""あなたのキャリアは何ですか"と若い人事部員から問われて啞然とする中高年たち。それを後ろで黙って聞いている年輩の人事部員たち。あちこちでよくある光景である。まさか、中高年にもなって、しかも、若造の人事部員からこんなことを問われるとは思ってもいなかったであろう。逆に、"これまでの苦労は何だったの""私のキャリアをどうしてくれたの"と問い返したいくらいであろう。
　中高年は、これまで組織の命じるままに仕事をしてきた。こんなことになろうとは、それにしても今までの私は何だったんだろうと、憮然とする思いであろう。
　若い人たちも、そうした中高年を見て、ますます焦燥感にかられる。そうして資格をとっておこうという気持になる。
　私たちは、経済環境の大きな"うねり"のなかにいるとしても"仕方がない"といってしまうにはあまりにも理不尽である。しかし、これを非難したところで問題が解決するわけでもない。上記のような中高年は、少なくとも現在だけだと、"キャリアづくり"で組織に負けている。本書は"組織に負けないキャリアづくり"をめざす人たちへの提言である。しかし、先の中高年の人たちでも遅くないような提言である。今から、負けをはねかえすのである。とかくキャリアというと、"今から何を新しく習得するか"とか、"早くキャリアを計画しないと"、ばかりが問題にされる。しかし中高年は、これまでに十分な知識と技術をもっている。これを活かさぬ手はない。
　現在このように、私たちが"働くこと"に大きな変化が起こっている。私たちはこれからの組織のなかでどのように"働けば"いいのだろう。私

たちは、"あせり"を感じている。今から思えば、組織に人生を託してはいけなかったのだろうか。しかし、そうかといってこれからどうしたらいいのか分からない。

　マスコミは、こうした現状を、リストラに怯える中高年とか、成果により同年代で年収に30パーセントの差、といったセンセーショナルな見出しで報じている。こうした記事は、現在の変化への対策を早く行うようにというショックを与えるけれども、どうしたらいいのかを示唆するものではない。さらに、学者、識者たちのなかには、「過剰な中高年」「能力のミスマッチ」などと、本人にはその意識はなくても、当事者の感情を逆なでするような発言をする人たちさえいる。

　日本の就業者の80パーセントを占めるサラリーマンとしては、こうした言葉を直接いわれなくても、同じサラリーマンとして心おだやかではない。こうした発言の背景には、意識的か無意識かは別にして、サラリーマンは不合理な働き方をしている、あるいはしてきたという思い込みがあるようだ。筆者も1人のサラリーマンとして、こうした無神経な発言に異議をとなえたい。「サラリーマンをバカにするな」と筆者は憤りさえ感じる。

　たとえ、それが現在では不合理にみえても、サラリーマンは、組織の制度のなかではそうせざるをえなかったのであり、あくまで従来の組織を前提にした立場からではあるが、それが合理的な働き方だった、と筆者は主張したい。

　従来のサラリーマンのやり方をポジティブにとらえてものをいうのと、サラリーマンはこれまで不合理な働き方をしていた、というネガティブな見方からものをいうのでは大きな違いがある。

　その働き方が現状では不合理になってきているのであれば、その原因を究明し、それに合った行動を提案するというやり方でなければポジティブではない。

　変化してきた職業生活のなかでキャリアをどのようにつくっていくかの鍵は、あたりまえのことであるけれども、個人のやり方にかかっている。

　しかし、個人が組織のなかでキャリアをつくることは難しい。これは筆

者だけではない。筆者と同年代のすでに30年以上サラリーマン経験のある人たちに聞いても、うまくやったという人は少なく、「あのときああしていたら」という反省とあきらめを口にする人が多い。

　私たちの祖先は、社会や組織のなかで生きていくために多くの処世訓を残している。これらの処世訓には、人間がいろいろな経験から学んだ知恵がある。しかしどの処世訓も一般論であり、どういうときどのように身を処したらいいのかまでは教えてくれない。そればかりか多くの処世訓にはまったく逆のことを意味する別の処世訓もある。組織という社会のサブシステムに限っても、状況はそれぞれに違うので、どの処世訓で対応すればいいのか判断できない。

　それでは、働くための組織をどういう切り口で考えればいいのだろう。その切り口として、従来の日本企業の特徴とされてきた終身雇用や年功賃金制度、企業内組合という制度が変化していくなかで、どう働くかを考えるという方法がある。これは、いかにも今までの方法を繰り返すに過ぎず、"ありきたり"である。

　将来に通じる新しい切り口は、私たちが組織の成員（以下組織成員という）となり、そこで働くときに常に変わらない本質的なもの、日本のどの組織成員にも共通して組織から日常要求され、しかも組織成員も自分たちの行動を決めているものがよい。そうすれば組織成員にとって応用がきく。それはいったい何だろうか。

　時代が変わり、人が変わっていっても変わらないもの、それは人と人の関係である。そこで、日本の組織のなかの人と人の関係でもっとも要求されているもの、もっとも行われているものを手がかりにしたい。

　日本の組織では、組織成員間の"協調"がことさら要求される。一方で組織のなかでもっとも行われているものは組織成員間の激しい"競争"である。

　協調と競争は互いに相いれない概念であるにもかかわらず、組織のなかは、一方で協調しながら他方で競争をし、逆に競争しながら協調するという複雑な状況になっている。

こういう状況にある組織成員につきつけられたのは、さらなる競争である。

　最近の新聞、テレビの報道のなかでもっとも多く使われる言葉のひとつは"競争"という言葉である。競争社会、健全な競争、グローバルな競争、サラリーマンにも厳しい競争、セーフティーネットを備えた競争といった言葉があふれている。こういう状況下では、私たちの"キャリアづくり"は即座に競争と結びつく。つまり、私たちの"キャリアづくり"も他人との競争だという意識になる。

　これからも、今以上に競争しなければキャリアは、つくれないのか。すでに私たちは競争で疲れ切っているのに、という悲鳴が筆者の耳に聞こえてくる。

　競争は組織や組織成員にとって不可欠であるように考えられてきたけれども、あの競争で費やした膨大なエネルギーは、果たして私たちにとって役立ったのだろうか、あのエネルギーを自分のキャリアのために利用していたらもっとましなキャリアがつくれたのではなかったのかと考える。

　組織成員は、好むと好まざるにかかわらず協調と競争の渦中にある。しかし、この協調と競争が組織成員の"キャリアづくり"にプラスに働いていない。むしろマイナスになっている。

　それは、これまで協調や競争が組織の側、つまり働かせる側からのものだったからである。本書はこれまでの協調や競争のやり方を改めて自らの"キャリアづくり"に"したたかに"使っていこうと提言している。

　組織の実態を知らない学生や、若いサラリーマンが自己の経験によって実態を知り、そのなかでの働き方やキャリアのつくり方が分かったときには、すでに人生の大半を過ごしてしまう。これが現在の中高年である。したがって本書は、中高年にはこれまでの"働いてきた経験"を振り返って、これらを統合してキャリアをつくること、現在の若いサラリーマンや学生には、これまで組織のなかで先輩がいかに働いてきたかを示し、これからどう働けば自己のキャリアがつくれるかを提言する。組織の制度、組織成員の行動を、働く個人として協調と競争という視点から見直して、組織の

なかでいかにキャリアをつくっていくかを考える機会を提供する。

　本書は、中高年、組織にはいって戸惑っている若い人たち、これから社会に巣立っていく学生のために"キャリア管理学"の必要性を主張している。

　本書出版に際して多くの人たちのご協力をいただいた。出版を引き受けていただいた東方出版今東社長、出版社をご紹介いただいた国立民族学博物館の中牧弘允先生、本書執筆のためのインタビューに応じていただいた方々に心からお礼を申し上げたい。

　なお本書の出版には、甲南女子学園の平成15年度学術研究助成金を受けたことを付記する。

　2003年3月　　　　　　　　　　　　　　　　　　　森　雄繁

●目次

まえがき　1

序章　13
　1　日本の組織における協調　14
　　　協調は古くさいか／協調を促進する制度／協調の新しい役割を見つける
　2　競争の場としての組織　18
　　　日本の組織のなかの激しい競争／現在の競争観
　3　文献サーベイ　21
　　　競争について／協調について／協調と競争について
　4　協調と競争の新しい視点　24
　　　競争だけが生きるための手段か？／協調と競争の定義／本書の方法
　5　本書の構成　29

第Ⅰ部　組織に翻弄される人たち　31

第1章　職能資格制度　31
　1　職能資格制度の仕組み　32
　　　職能等級フレーム／職能資格要件／人事評価／能力育成／処遇

            （昇給、昇格、昇進）
　　2　職能資格制度の長所　　36
　　　　環境変化に対応／多能化の形成／モラール（やる気）の向上／上位の等級へのチャレンジ
　　3　職能資格制度の短所　　38
　　　　能力観の不統一／絶対評価と相対評価の混乱／職務評価基準としての職能資格要件のあいまい性／汎用性のない職能資格要件／社会的基準でない賃金体系／高コスト／長期雇用が前提
　　4　職能資格制度と強いられた協調　　45
　　　　日経連の主張／職務のあいまいさが生む協調
　　5　職能資格制度と強いられた競争　　47

第2章　人事評価を評価する　　49

　　1　人事評価制度　　50
　　　　人事評価者／人事評価の種類
　　2　人事評価制度の運用を評価する　　53
　　　　日本人の能力観／日本の組織の能力観
　　3　評価者を評価する　　62
　　　　人事評価は民主化のシンボルか／複数の評価者の問題点／評価者の心理／減点主義になりやすい評価者／ジョブ・ローテーションのなかでの評価／評価者の評価能力／公正な評価への動機とインセンティブの欠如
　　4　評価される者の立場　　71
　　　　被評価者たちの演技／胡麻すりや服従／評価へのこだわり
　　5　人事評価における強いられた協調性・強いられた競争　　75
　　　　組織における協調性の構図／強いられた協調と強いられた競争の並立

第3章　日本の組織における能力主義・成果主義　81

1　日本の組織と能力　82
　　能力は切り札か／人的資源管理論
2　能力主義・成果主義への基本的疑問　84
　　社会の装置としての組織／能力の三層構造／これまでの能力主義とその問題点
3　組織にとっての能力・成果判定の問題点　87
　　秘訣が通用／普通の人を過大評価
4　組織成員にとっての能力・成果評価のジレンマ　89
　　能力も状況次第／能力も多様／能力を決める情報の差／地位が人をつくる／実務能力を失う／操作される成果／成果割り振りの運・不運／審判のいない試合／価値観と能力・成果／能力・成果評価の限界／組織成員にとっての能力主義・成果主義
5　能力主義・成果主義と協調性　102
　　強いられた協調性／敗者から協調を引き寄せる
6　能力主義・成果主義と競争　104
　　美しき二つの誤解／競争は画一人間をつくる

第4章　組織を動かす力　109

1　リーダーシップ　109
　　管理者の実情／管理者のリーダーシップ／リーダーシップより権力
2　組織内の権力　115
　　組織と権力／組織内の権力事例
3　人事権にもとづく権力　118
　　減点主義評価への怯え／将来を決められる／社宅の大きさを決める評価権／職務割当権の"にらみ"／家族にまでおよぶ異動権／

　　　　異動は権力をはびこらせる／小さな権力行使の連鎖／目的のごまかし／能力の消耗／身近な権力
　　4　権力への協調　124
　　　　安易な生き方／組織の政治化
　　5　ポリティクス　126
　　　　意思決定のポリティクス／権限委譲のポリティクス

第Ⅱ部　組織を活用する人たち────131

第5章　キャリアをつくる　131

　　1　キャリアについて　132
　　　　三つの新しい視点／キャリアの定義
　　2　日本の組織と専門性　134
　　　　職能資格制度と専門職・専任職／専門職・専任職とプロフェッショナル・スペシャリスト
　　3　組織で専門家となる制度　139
　　　　自己申告制度／社内公募制度／OJTの役割
　　4　組織で専門家になる方法　142
　　　　キャリア・アンカー／母港／キャリア・アンカーの発見過程／キャリア・フットホールドの拡大／フットホールド、アンカーと母港との関係／キャリアを計画すべきか／賢さにこだわらない
　　5　組織の役割を見直す　160
　　　　人事異動の積極的受けとめ／イヤな上司はキャリアをつくる／大きな仕事と豊富な情報／今の組織に求めるものを決める／職業能力あっての社会的資格
　　6　転職　166
　　　　転職と知識・技術／転職を可能にする知識と技術の証明

7　専門家と協調性・競争　　168
　　　専門家同士の関係／専門家の仕事とは
　8　転職と協調性　　171
　　　職についた経路／協調性は転職を助ける
　9　キャリアづくりと自律的協調・自律的競争　　173

第6章　組織からの自立をめざして　　177

　1　日本の組織で変わらないもの　　177
　　　時流に流されないこと／集団的能力主義は変わらない
　2　想定される労働環境の変化　　179
　　　雇用形態の変化／仕事の需給が決める賃金／早期選抜／組織と短期収支決済の動き
　3　特定の組織からの自立をめざして　　181
　　　組織からの心理的自立／リスク管理の重要性／仕事能力はポータブル／パラシュートの準備
　4　本書のまとめ　　184
　　　不確実なものを求めない／自律的な協調と競争で専門家になろう

参考文献　　191

装幀——仁井谷伴子

序章

　私たちの多くは、企業や団体の一員である。私たちは、企業や団体（以下組織という）に何のために所属しているのだろう。私たちの平均寿命は長くなったとはいえ、人生のもっとも若々しく、活動的な一番いい時期を組織のなかで過ごす。それだけに、組織に所属する人たち（以下組織成員という）の人生に、組織は大きな影響力をもっている。人生は、希望がなければ生きられない。したがって、組織は、私たちの希望をかなえるのに大事な装置である。

　組織成員は、彼らの希望を組織のなかでかなえようとしているが、組織には大きな希望を持ち続けている人たちと、失ってしまった人たちがいる。いわば、組織に負けなかった人たちと、負けてしまった人たちである。組織が仕事をする装置である以上、希望は仕事によってかなえられたり、かなえられなかったりする。

　組織成員は組織のなかでいろいろな仕事をしていく。このいろいろな仕事から得る知識や技術の積重ねをキャリアとすると、キャリアは私たちにとってきわめて重要なものである。

　組織のなかでキャリアをつくることは、成功もあり失敗もある難しいことである。この難しいことを考えるのに、さらに難しくしないように、できるだけ少ない次元で組織を考えたい。それには組織と組織成員が共通の思考、共通の行動基準としているものを探し出すのがよい。

　組織は、多くのことを組織成員に求める。そのなかで組織が、組織成員にもっとも求めているのは何か。組織は、多くの組織成員を効率よく働かせ、組織目的を達成する装置である。組織は、組織成員が共に働くという観点から組織成員間の協調と、また一方で、組織の効率性の観点から組織

成員間の競争を求めている。一方、組織成員は組織のなかで何を彼らの共通の思考・行動の基準としているのだろう。組織成員にはそれぞれに基準があるであろう。

組織成員は、毎日同僚や上司と一緒に仕事をしている。そこでは彼らは仕事をするために同僚、上司とどのように協調すれば仕事がしやすいかを考え、また一方で、自分のキャリアのために、組織のなかの限られた資源（地位、賃金）を同僚や上司と競争している。

しかも組織成員は、組織から協調というものさしで評価されている。したがって、日本の組織でもっとも多く使われている言葉は協調である。一方で、組織のなかでもっとも意識されているのは競争である。

組織と組織成員は、ともに協調と競争を基準として思考し行動している。そこで、筆者は組織と組織成員のキャリアを、協調と競争という二つの次元で考えたい。

1　日本の組織における協調

協調は古くさいか

「協調なんて古くさい、競争だけですよ」という筆者の30年来の友人がしてくれた親切なアドバイスから"協調"について述べたい。筆者が組織と組織成員の共通の思考・行動基準を「協調と競争」として、組織成員のキャリアについて書きたいと、その友人に話したときの彼の第一声である。

彼は、現在の若者の意識について次のように話した。「現在の若者たちは、私たちが会社に入ったときほど会社から協調を要求されないし、彼ら自身も協調といった古くさいことにまったく関心をもっていない。彼らにとって、すべてが競争だ。私たちの若いときと違って現在は激しい競争の時代で、協調などといっていたら負けてしまう。年輩者が、自分の経験から若者に協調をいうのは時代遅れだ。私たちは協調性をうるさくいわれたけれども、結局、組織に利用されただけではないですか。友人だから率直にいわせてもらえば、そんなことをいっていたら、世のなかの動きについ

て行けませんよ。先輩として、若者にいかに競争するかを書くべきだ」とアドバイスしてくれた。

　協調について述べようとするときに、こうした話から始めるのは奇異なことかもしれない。しかしこの友人に限らず、社会や組織には競争が有利、協調は不利という感覚が抜きがたくあることを指摘するためである。なにも友人の意見として挙げるまでもなく、筆者にもこうした思いはある。読者のなかにも協調などといって何になるのだ、と思われる人たちが少なからずおられると思う。

　「日本の組織は集団主義で、個人の利益より集団の利益を重視する。組織のなかでは、自分さえ良ければいいという考えや行動ではうまくいかない。皆が協調することが何より大事だ」と、筆者も耳にタコができるほどいわれてきた。今になってみると、筆者も本当にそうだったのだろうかと思っている。つまり、日本の組織で要求される協調性には素直に受け入れがたいものがある。

　それでもなお協調を見直そうとするのは、社会環境の変化、もっと限定すると雇用環境、ひらたくいえば働く人たちの状況が変わってきたからである。

　この友人は、もし協調がこれからも必要だとしても従来の意味での協調とは異なるものだということを示してくれた、と筆者は受けとめた。

協調を促進する制度

　さて、日本の社会や組織の特徴について語られる場合、依然として協調性が指摘される。

　日本の社会では、この協調性の維持のために多くの努力が払われている。恒吉（1992）は、「日本の小学校における協調行動を促進する集団登校、運動会、給食といった集団行動の制度を上げ、集団行動が、自動的に協調的になるわけではなく、日本の小学校では、集団行動が協調的、かつ効率的に行われるように、明確な目標や手順が数多く提示され、構造的に児童の行動は方向づけられている」と述べている[1]。

序章　15

一方、日本の企業組織における集団主義についてアベグレン（1985）らは、「欧米が個人業績主義であるのに対し日本は集団業績主義だ、とよく指摘される。この違いの裏には、社会文化的な要因が働いていることはいうまでもない。だが集団の和を尊重する日本の伝統的な考え方を企業の利益のために利用し、現在日本の企業でごく普通に見受けられる形態にまで制度化したのは、ほかならぬ日本企業である[2]」と指摘している。

　これは集団主義についての記述であるが、日本の組織は協調性を促進するいろいろな制度を備えている。たとえば毎日の朝礼、課や係り単位の打合せ、定例的に開かれる会議、年末・年始に行われる忘年会・新年会、年1回の社員旅行、人事異動の際に行われる歓送迎会といったものである。要するに、協調性は常に要求され、確認される。日本の組織における協調性は、組織成員の主体的な意思を超えて、制度として確立され、さらには強制すらされている。

　そこで、日本の組織においてどんなときに、どんな場面で協調性という言葉が使われるかを列挙してみよう。退社後、同僚と「軽く一杯」につきあうと"協調性がある"、組織成員が組織内の行事に参加しないと"協調性がない"、自分の仕事が終わった後も残って同僚の仕事を助けると、"協調性がある"、上司の指示通りにしないで自分の独自性を出すと"協調性がない"、多数意見に従えば"協調性がある"、有給休暇を取ろうとすると、"協調性がない"、共同責任を負えば"協調性がある"とされる。

　もっと一般的には、同僚や部下と"群れる"ことを"協調性がある"といい、付和雷同することを拒否すれば"協調性がない"、ついには、個人の時間や健康さらには家庭を犠牲にできるかどうかで、協調性の有無が問われる。ひどい場合には、組織内の不正に加担するかどうかで、協調性を問われることすらある。このように協調性という言葉は、組織のなかの人間関係や仕事のやり方に関して実に多くの場面で、安易に、ご都合主義に使われる。日本の組織における協調性は、集団意識、協力、服従、同調、迎合といったことまで意味している。

　しかも、協調性は制度化されているために、協調性を要求するのは管理

者だけではない。管理者の要求する協調性に従っている同僚までもが、協調性がいかにも"組織成員の掟"でもあるかのように、同僚に対してこうした協調性を求めてくる。したがって、組織成員の協調性は相互監視の状態にあるといってもいい。こうして、同僚間でも協調性の自縄自縛に陥ってしまっている。

つまり、日本の組織の特徴として指摘される協調性は、制度として、さらには制度を運用する管理者によって、ついには組織成員自身によって意図的に幅広い意味で使われる。

したがって、日本の組織のなかで組織成員に要求されるもの、また組織成員の人格や能力さえも端的に言い表す言葉は協調性である。組織のなかで"協調性がない"ということは、その人に基本的な能力さらには人格が劣っていることを表し、逆に協調性があることは基本的な能力や人格が優れていることを意味する。

私の友人や筆者、あるいは読者も協調性に何か釈然としないものを感じるのは、協調性が組織に組み込まれていること、そのためにいろいろな意味や場面で協調性を要求され続けてきたこと、さらに自分自身も疑問をもちながらも協調してきたこと、あるいは協調を装ってきたこと、さらに他人に対しても協調性を要求してきたという後ろめたさがあること、によるものである。そのために、協調性にはそれぞれの人たちにいろいろな思いが染み込んでいる。

協調の新しい役割を見つける

組織のなかの協調性の実態は何か、組織成員が組織のなかで働き、キャリアをつくるのに協調性はどのような役割を果たしているのか。またこうした協調性は組織成員にとってこれまで通りでいいのか。協調性に従来の協調性とは違った役割を見出すことができるのか。役割があるとすればどのように活用するか。組織成員が、組織のなかで働き、キャリアをつくるために協調性についてもっと掘り下げて考えてみることが必要である。

2 競争の場としての組織

日本の組織のなかの激しい競争

一方で、日本の組織は競争の場でもある。競争というと、アメリカにおける企業間のM&A、アメリカンドリームをつかむための競争、大リーグ選手のシーズン中の契約解除、トレードが目をひく。これらは目立つだけに、アメリカ社会の競争の厳しさを痛感する。

しかし、日本の社会や組織における競争も決してアメリカに劣るものではない。アメリカの競争はいわば表に出ている目立つ競争だが、日本の競争は表に出ない、目立たない競争である。

たしかに、組織のなかで協調性が安易にご都合主義に頻繁に使われるにもかかわらず、競争は深く潜行してしまって語られることは少ない。

そもそも、競争という言葉に日本人はあまりいい感じをもっていないようだ。競争という言葉は、福沢諭吉が経済書に書かれたコンペチションという言葉を訳したものである。福沢はこの競争という訳語について、御勘定方の有力な人（筆者注；現在でいえば財務省の重要な職にいる人）が競争の「争」という字を見て穏やかでない、西洋の流儀はキツイものだね、御老中方へ御覧に入れることができない、といったというエピソードを残している[3]。

このように日本では競争という実態はありながらあからさまに競争を口に出さない。竹内（1989）は、「日本人は『競争』という言葉を嫌う」と指摘している。その理由は「確かにわれわれは何かにつけ激烈な競争的状況におかれていることが多く、受験競争、過当競争、出世競争（中略）すべて競争的状況である。それだけに、できれば競争のない状態に安住したいと考えるのであろう[4]」と述べている。

つまり、日本の組織は一見競争がない仲間意識の強い組織のように見えながら、激しい競争があり、しかも、社会のいたるところで行われている。

日本の組織における競争について岩田（1977）は、「日本的経営制度が、ある意味で、"競争的"といわれる米国社会以上に激しい競争を組織の内

部に生みだしていること。それが経営上層部だけでなく、広く組織成員間にみられること、しかもその競争エネルギーのかなりの部分が組織目標とは直接関係のない方向に発散されている」と指摘している。

現在の競争観

　これらの指摘にもかかわらず、競争を制限している社会の装置を変え、組織がもっと自由に競争できるようにすべきだという意見が多い。つまり、組織間の競争は競争できる状態のなかで行うべきだ、そうでなければ非効率な組織でも生き残り、社会にとって非効率的なばかりか、現状では効率的な組織もその役割を十分に果たすことができず、ひいては世界との競争に負けてしまう、というものである。ここまでは納得できると思っていると、かならず後に、組織は市場で競争しているのだから、組織成員も組織のなかで互いに競争するのは当然である、という主張がついてくる。

　たとえば、21世紀に向けて「活力と魅力ある日本の創造」をめざして有識者で作られた「経済戦略会議」はその答申において、「21世紀の日本経済が活力を取り戻すためには、過度に結果の平等を重視する日本型の社会システムを変革し、個々人が創意工夫やチャレンジ精神を最大限に発揮できるような『健全で創造的な競争社会』に再構築する必要がある。競争社会という言葉は、弱者切り捨てや厳しい生存競争をイメージしがちだが、むしろ結果としては社会全体をより豊かにする手段と解釈する必要がある。競争を恐れて互いに切磋琢磨することを忘れれば、社会全体が停滞し、弱者救済は不可能になる。社会全体が豊かさの恩恵に浴するためには、参入機会の平等が確保され、透明かつ適切なルールの下で個人や企業など民間の経済主体が新しいアイデアや独創的な商品・サービスの開発にしのぎを削る『創造性の競争』を促進する環境を作り上げることが重要である」と主張している。この答申は社会における競争の必要性を主張しながら、当然のごとく、あるいは巧みに個人間の競争の必要性を折り込んでいる。

　競争には、個人的に競争に勝った人たちが、自分たちの考え方や立場を正当化し、強化するために競争のメリットをことさら主張することがある。

しかし、競争の推進者も競争のデメリットにも少しは配慮しておく必要性を感じているのか、健全な競争とか、競争による結果に"社会的セーフティー・ネットを準備しておく"という言葉を付け加えている。これらの健全とか、セーフティー・ネットがどういうことを意味しているかは人により異なるが、勝者が敗者に少しばかりのいたわりを示す程度のものと考えられる。

このような現在の日本の競争の上にアメリカ流の競争の必要性が叫ばれている。これまでの日本流競争に加えてさらに競争をしなければ組織成員は組織のなかで、日本社会のなかで、さらには世界のなかで生きていくことができないのだろうか。私の知る限り、経営者でも学者でも競争を制限するようにいう人は少ない。

数少ない例として内橋（1999）は、こうした競争礼賛について「一部の経済学者は、結果において企業やそこに働く人びとに熾烈な競争社会の現実を受け入れさせ、さらなる競争にむけて人びとを駆りたてる、という危険な役割をはたしている。その同じ経済学者が何を主張するかといえば、『努力するものが酬われる社会をつくろう』という。自分の言説の恐ろしいほどの矛盾に気づいていない[6]」と指摘している。

経済の効率や生産性にとって競争が望ましいといわれる一方で、同じ言葉は他人を打ち負かすという意味もある。競争には必ず敗者が出る。しかもこの敗者は勝者より比べものにならないほど多い。こうした敗者も社会からリタイアしてしまうわけにはいかない。依然として社会や組織のなかに留まる。こうした敗者の精神的、肉体的ダメージは大きい。したがって、敗者のダメージの総和は勝者の効果より大きくなることはいうまでもない。しかし、内橋のように疑問を明言する人は少ない。今や競争に疑問を呈することは非常識のようになっている。

しかし、こんな状態だからこそ組織のなかの競争について考えなければならない。組織のなかの競争の実態は何か、組織成員が組織のなかで働き、キャリアをつくるのに競争はどのような役割を果たしているのか。またこうした競争は組織成員にとってこれまで通りでいいのか。競争に従来と異

なる意味を見出すことができるのか。役割があるとすればどのように活用するのか。組織成員が、組織のなかで働き、キャリアをつくるために競争について、もっと掘り下げて考えてみる必要がある。

3　文献サーベイ

これから協調と競争を考えていくために一般的論として協調と競争についての学者の研究を概観する。なお本書の主要な論点と直接関係する研究は、個々の章で取り上げることにする。

競争について
●競争そのものに関して

コーン（1986）は、競争を構造的な競争と意図的な競争とに区別する。構造的な競争では、ふつうは複数の個人のあいだで比較してみて、そのなかのただ1人だけが最高のものを手にいれる競い合いが行われていく。簡単にいえば自分が成功するためには相手が失敗しなければならない。競争そのものが目標を設定するのであり、その目標とは勝利することである。

意図的な競争は、態度について語ったものであり、内在的なもので、ナンバー・ワンになりたいと思う個人の側の願望に関するものである。意図的な競争は人間がもつ他人を打ち負かそうという個人の競争意識から生じ、構造的な競争が存在しないところでも生じる[7]。

●日本社会の競争

日本社会の競争ルールについて林（1984）は、日本人の争いごとは、総じて西洋人のそれのごとく、各主体の権利概念をまず前提として認め、それを対社会的に公の場で主張ないし表明する形で相手と論理的に争う類のものではなく、とかく各主体間の欲の突っぱりあいの形で争われるのを常としてきたので、西洋型ルールのもとでの競争といえるかどうか疑問があるという。さらに古来の戦闘場面における「出し抜き型競争」「ぬけがけ型競争」といった競争として非公正なものが見られること、しかもそれが

社会的に肯定的に語られると論じている。つまり、日本の社会では競争ルールなど事前にはあって、じつはなきにひとしく、あるとしてもそれはその後の状況によって、いかようにでもルールも「正義」も変わると、指摘する[8]。

●日本の組織成員間の競争

伊丹（1987）は日本の企業が人本主義[9]だと規定し、この人本主義のなかでの競争の特質を長期的競争、顔の見える競争、多次元の競争、集団間競争とする。つまり組織における長期間にわたる競争、ライバルを誰とはっきり意識できる競争、モノやカネだけでなく情報や心理的なエネルギーまで含んだ競争、ひとかたまりとなっての他の集団との競争である。それぞれ、短期的競争、無名性の競争、単一次元での競争、個人間の競争といった資本主義的な競争と対照をなしている。競争は資本主義的な競争、つまり流動性や自由さだけが競争の源泉ではなく、人本主義的と表現した競争も、日本の競争社会をみれば、ずいぶんと厳しいものとなり得る、と主張する[10]。

協調について

●組織成員にとっての協調・協力

フクヤマ（1996）は、「互いに信頼しながら協力して働くのが得意な人々は、環境が変化しても簡単に適応し、適切な組織形態を新しくつくり出すことができる。（中略）現時点では、二十一世紀初頭の企業がどのようになっているか誰にもわからないけれども、どのような組織になろうとも、最初に姿を現わすのは、互いに協力し合う伝統が強く残る社会であろう」と主張する[11]。

アクセルロッド（1984）は、反復囚人のジレンマというゲームから、「人々は、つきあいをとかくゼロ和的なもの、すなわち、片方が得をすれば、他方は必ず損をすると思いがちである。ゼロ和ゲームの好例はチェスの試合であり、そこでうまくやるためには、相手よりうまくやらねば意味がない。しかし、日常生活の多くはゼロ和的状況ではなく、一般には、両

者ともうまくやれることがあるし、逆に両者とも損をすることもある」。非ゼロ和という状況のもとでは、あまり賢くふるまうことがいつも得とは限らない、という[12]。

一方で、安易な協調性に反対する意見もある。黒井（1982）は、企業内の人間のあり方を探るには、協調性や順応性といった消極面からではなく、自分自身のためにいかに働くか、という積極的な意志の基点から出発しなければならない。初めから滑らかな人間関係ばかりを気にして暮らしていこうとするならば、彼は自分自身をひたすら周囲と調和するための道具と化すことになり、やがては自己を喪失する結果に陥らざるを得ない、という[13]。

協調と競争について
●日本人にとっての協調と競争の関係

竹内（1989）は、日本人にとってはいまだに競争はタテマエとしては悪で、よくても必要悪、できれば避けたいものであって、競争よりは協調が好ましいと思われている。むきだしの競争の結果物事が決まるよりは、事前の根回し、話し合い等々によって「穏やかに」決まる方が好ましいと思われている。しかし一方には、競争こそ進歩の推進力であり活力の源泉であるという考え方もある。最近ではタテマエとしてこちらの考え方を支持する人も増えているが、これらの人も、自分が競争にさらされる状況におかれると、行きすぎた競争の弊害を指摘し、協調の精神を説く立場に戻ってしまうことが多い、と指摘している[14]。

●組織成員にとっての協力と競争

野田・萩（1989）は、それぞれ精神科医と心理臨床家としての経験から学校教育における競争は、子どもたちを勝ち負けにこだわってエネルギーを他者との比較に消費するばかりでなく、競争原理のもとで成績の良い子どもが学ぶことの喜びのために学ぶのではなく、勝つために学ぶ人間になる。一方成績のふるわない子は勝てないから土俵に上がらない子になってしまう。つまり、たくさんのおちこぼれと引き換えにひよわなエリートを

つくっている、という。ところが協力原理のもとでは、自分と他者とを比較しないので、自分のしようとすることにエネルギーをそそぎ込むことができるばかりでなく、他者を競争相手ではなくいつでも協力者としてかかわる。しかも負けることへの恐怖心がないので積極的に目標を設定して、それを楽しみながら追求する、と主張する[15]。

これらの文献における協調と競争は本書に多くの知見を与えてくれる。これらの知見を使って本書が主題とするキャリアづくりにおける協調と競争の役割を考えていく。

4 協調と競争の新しい視点

競争だけが生きるための手段か？

現在の世の中で競争というものを考え直してみようとか、競争よりも協調（性）が重要だとかと言い出すことは非常識もはなはだしいのかもしれない。

しかし、筆者には依然として「本当に私たちは、今以上にお互いが競争しなければならないのだろうか。そもそも競争とはそんなにも価値があるものなのだろうか。私たちのような頼るべき何ものもない者にとっては競争だけが唯一の生きるための手段なのだろうか。そうだとしても、私たちは今以上の競争に耐えられるのだろうか。競争ではなく協調（性）ではダメなのだろうか」という疑問をぬぐい去ることができない。組織間の競争の激化は、当然のように組織成員間の競争の激化につながると考えられているけれども、本当にそうだろうか。むしろ組織間競争が激しくどんな組織でもいつ倒産してもおかしくない状況であれば、組織成員間で互いに地位や賃金の競争をしているより、自らの競争力、つまりどこでも通用する能力をつけることこそ大切なのではないだろうか。これを経営者の視点ではなく、組織成員の視点から考えたい。

本書の基本構想は、組織と組織成員の日常の判断・行動基準である"協調と競争"の視点から組織を考え、そのうえで組織のなかで、組織成員が

いかにしてキャリアをつくっていくかを、協調と競争の新しい視点で考えていくことである。

協調と競争の定義

本書はここまで協調という言葉の定義をしないで使ってきた。実は本書を執筆するにあたって、組織のなかではあまりにも多様に使われて意味があいまいになってしまった協調という言葉ではなく、協調に替わる別の言葉、たとえば協力や造語を考えてみた[16]。一般に、競争に対する言葉は協力だからである。

本書において協力や造語を使わないでなぜ協調という言葉を使うかを説明しておきたい。

第一に、日本の社会や組織において、協調あるいは協調性はすでに述べたように日常頻繁に使われる。日本人は協調的であるといわれ、日本の組織ではことさらに協調性が重視される。協調という言葉ほど、日本の社会、組織の特徴を言い表す言葉は少ない。

第二に、協調性が小学校から教育され、組織においても協調が制度化されているということ、また日本人の協調はある面で強制されたものであるとはいえ、組織成員が協調性を組織で維持してきたのは、個人にとって何らかの意味で協調性が組織内で役立ってきたからであろう。教育や制度はそうした個人の目的達成に便乗したかもしれないが、まったく協調性のない個人に教育と制度化だけで協調性をもたせることは不可能である。したがって、協調性は日本人にとってすべてが生得のものでないにしても、少なくとも"習い性"となっていると考えてもいいであろう。

第三に、社会や組織のなかの協調といわれる現象は本当の意味の協調ではないと考えるからである。

協調は社会では影響力の強い人たち、組織では上司の言動に自己を捨てて同調や追従すること、さらには屈服することまでも表している。つまり正しくこうした実情を表す言葉は、同調、追従、服従である。このように誤ってあるいはご都合主義に使われている協調の本当の意味を再認識し

序章　25

て、協調の価値を見直し、現在の競争一辺倒の風潮に一石を投じたいと考えるからである。

したがって、本書は協調をこれまでの手あかに染まった意味で使おうとしてはいない。つまり従来のような「働かせる側からの強いられた協調」ではなく「働く側からの自律的な協調」である。本書は協調を「自己の意志で他者に協力し、他者も自発的に協力するという互恵的関係」と定義する。

一方、競争という言葉の意味を考えるために筆者の所属する大学の学生に対してこれまでどのような競争を経験したかを質問した。その結果、彼らにとっての競争は、友人との学業成績での競争、入学試験での競争、クラブ活動での正選手のポジション獲得競争といったものであった。学生たちはこうした競争を前提にして、競争は社会や組織を発展させ、個人の能力を伸ばすものだと考えている。

競争が先の学生の意見通りなら、競争の意味は競争の優れた面にのみに片寄っている。競争にも種類がある。足を引っ張る、踏み台にする、おとしいれるための競争がある。競争といえば、「役人の最大の仕事は、いかに他人から足をすくわれないように、生き残りを図るかだ」[17]といった競争観から脱却したい。こうした「個人間の関係を利害の対立や、他人を勝敗・優劣を競い合う相手と考えて行動する」競争を強制された競争といおう。一方で、学生の考える進歩のための競争もある。したがって競争のすべてが悪いわけではない。個人がこれからの競争を積極的にとらえて、競争を活かしていくという意味から本書では学生のフェアな競争観をとりたい。

そこで本書の競争は、「自己の知識と技術を伸ばすために互いに目標をめざして競うこと」とする。つまり、働く側からの自律的競争である。

本書のこれからの協調と競争についての書き方は、従来の協調、競争はそれぞれ強いられた協調、強いられた競争といい、本書の定義による協調と競争はそれぞれ自律的協調、自律的競争とする。

本書の方法

　通常組織のなかにいる人たちは、意識的に本音を明かさない。本音を明かさないことが長い組織のなかの生活で染みついている。この人たちはいつの間にか無意識にそうしているといった方が正しいかもしれない。そうした本音や無意識の底にあるものを見つけ出すことが、組織成員の意識を解明する鍵になる。

　組織成員に対して各種の質問票調査が行われて、その集計・分析からいろいろな知見が述べられている。それは、一つの傾向を見るやり方として必要な方法である。しかし、質問票の作成者は組織の実態をかならずしも十分に知らず、知らなければそれについて質問することができず、質問されなければ回答者は答えない。質問を受ける立場からすると、聞いて欲しいことが聞かれないというもどかしさを感じる。

　したがって、本書では質問票調査という方法はとらず、もっぱらインタビューによって組織成員の考えを収集した。

　しかし、インタビューなら質問票調査の欠点をカバーできるかというとそう簡単ではない。日本の組織では"本音をいえば馬鹿をみる"という意識が蔓延している。筆者が以前組織内の権力についてインタビューしたとき、このインタビューに答えることへの恐怖が異常なまでに大きいことを痛感した。現在組織にいる人たちはもちろん、出向している人たちでさえ組織からの"とがめ"への恐れを隠さなかった。つまり、理不尽だとは思いながらも組織への恐怖が支配していた。本書の主題である人事制度、とりわけ人事評価やキャリアについての質問にも人事部を意識することは想像にかたくない。ある知人の紹介でインタビューしたビジネスマンは、自分の所属していた組織の人事制度の話は墓場にもっていくといってとうとう話してくれなかった。したがって組織成員は、質問票調査ばかりでなくインタビューにもタテマエで対応することに注意しなければならない。これまで面識のない研究者に、インタビューで真実を語ることはよほど秘密が厳守される確信がもてなければ、真実を語らない。また企業にインタビューの人選を依頼すれば、当り障りのないことをいう人を選んでくること

に注意しなければならない。学術研究の成果は、当該組織に直接的には役立つものではないのである。

　それでは、誰にインタビューして本音や意識の底を探るかという難問に直面する。筆者の経験では、現役の人たちは知らない人に、たとえそれが研究者であっても、まず本音をいわない。つまり、現役の人たちはまず無理である。本音を語ってくれそうな可能性が最もあるのは、組織から引退した人たちだが、ビジネス組織から引退した人たちでも、なお真実をいうのに躊躇する。これほどにコントロールされた組織、それが日本のビジネス組織である。組織から離れて相当期間経っていると、ようやく話してくれる人たちもいるけれども、古い話は回顧談になってあまり役に立たない。

　そこで本書は、筆者の知り合いで既に最初の組織から離れ、現在は第二の組織にいる人たち、さらにその友人の協力を得て同じ立場の人たちを紹介してもらうという方法をとった。その人たちに、一時的な有利・不利、損得ではなく組織人生全体を通じて、組織のなかの協調と競争の関係、そのなかでどのようにキャリアをつくってきたか、キャリアをつくるべきであったか、について名前を出さないことを条件にして、率直でかつ反省を込めた複雑な心境を語ってもらった。したがって、本書の取材は筆者の懇意の人たちへのインタビューであるという限界があるけれども、既存の研究を参考にしながら筆者の経験とさらに先のインタビューの内容を筆者の耳と目から判断して、日本の組織制度における協調と競争の実態をえぐり出し、協調と競争によるキャリアづくりを考えようとするものである。

　筆者の知識と経験は主に企業についてのものであり、本書を執筆するにあたってインタビューした人たちもすべて企業人である。しかし、その内容は企業だけでなくその他の組織にも広く当てはまると考えるので、本書における組織は、特に企業組織として断らない限り組織一般をさすものとする。

　なお、本書を読んでいただく中高年の方たちのなかには、管理者の人たちも多いであろうが、管理者は自分を管理する者という意味で、本書のなかの"管理者"は、自分より上位の管理者のことだと考えて読んで欲しい。

5　本書の構成

　本書は、Ⅰ部として「組織に翻弄される人たち」にスポットをあてる。第1章「職能資格制度」では職能資格制度の仕組みとその仕組みが組織成員に与える影響を考察する。第2章「人事評価を評価する」では先の職能資格制度のなかの人事評価を運用の面から検討する。これら1章、2章によって日本の組織成員の協調と競争が制度による強制的なものであることを明らかにする。第3章「日本の組織における能力主義・成果主義」では現在主流となろうとしている能力主義、成果主義の限界とともに、これらが協調と競争に与える影響を考察する。第4章「組織を動かす力」では組織のなかのリーダーシップや権力、ポリティクスに翻弄される組織成員の姿を描く。Ⅱ部「組織を活用する人たち」では、まず第5章「キャリアをつくる」で、このような組織のなかで自律的に協調と競争を行って、組織成員が自分のキャリアを組織のなかで、どのようにつくっていくかを提言する。最後に第6章「組織からの自立をめざして」で、組織のしがらみから離れて1人の個人として自立するために、これからの組織で変わらないものと変化するものを考える。その後で、本書のまとめを述べる。

1) 恒吉（1992）p 80。
2) Abegglen（1985）邦訳 p 16。
3) 福沢（1978）p 184～185。
4) 竹内（1989）p 93。
5) 岩田（1977）p 146。
6) 内橋（1999）p 43。
7) Kohn（1986）p 5～8。
8) 林（1984）p 91、93。
9) 人本主義を「ヒトが経済活動のもっとも本源的かつ稀少な資源であることを強調し、その資源の提供者たちのネットワークのあり方に企業システムの編成のあり方の基本を求めようとする考え方である」と定義する。
10) 伊丹（1987）p 30、p 53～54、58。

11) Fukuyama（1996）p 461。
12) Axelrod（1984）p 115、130。
13) 黒井（1982）p 173。
14) 竹内（1989）p 94〜95。
15) 野田・萩（1989）p 42〜44。
16) 協力；ある目的のために心をあわせて努力すること（『広辞苑』第5版）。
17) 宮本（1997）p 249。

第Ⅰ部　組織に翻弄される人たち

第1章　職能資格制度

　日本の組織の制度は、組織成員に多大の影響を与えている。それ以上に、組織成員は翻弄されているというのが的確な表現かもしれない。このように影響力をもつ組織の制度のなかでも、本書が主題とする組織成員のキャリアに関しては、日本の多くの組織で採用されている職能資格制度が組織成員に大きな影響を与えている。

　日本経営者団体連盟は、1969年にこれまでの年功的性格の強い制度からの脱却をめざして能力主義管理を提唱した。その能力主義管理を実践するために、職能資格制度を推奨した。職能資格制度は70年代後半から80年代にかけて普及し、大企業では90パーセントもの企業が導入した。この職能資格制度にも、現状に合わなくなっているという理由で次第に変更が加えられているけれども、現在でも組織の人事制度の主流であることには変わりはない。

　したがって、本章はまず職能資格制度を取り上げて、この制度の仕組み、この制度のもつ長所・短所、制度に組み込まれた強いられた協調と強いら

れた競争について考察する。

1　職能資格制度の仕組み

　職能資格制度は、組織成員を職位の序列とは別にその職務遂行能力（以下職能）によって職務資格等級（以下資格等級）にランクづけして、各自の組織内での相対的な位置関係を示す制度である。さらにこれによって、組織成員の人事評価、能力育成、処遇をトータルに管理しようとする日本の組織における人事制度の根幹をなす制度である。ここで職能資格制度の仕組みを簡単に見ておこう。職能資格制度は、それぞれの組織によって違いはあるけれども、共通する点は以下の通りである。

職能等級フレーム

　資格等級の数（ランク）をいくつにするかを決める。組織の規模によって資格等級のランクは異なる。あまり少ないと、一つのランクにかなり異なった能力レベルの組織成員が混在することになる。一方、あまりに等級が多いと能力レベルの違いが不明確になるので、組織の規模によってそれぞれ等級数を決めている。

　現在の等級から上位の等級に上げる（昇格）かどうかを査定する時期を特定するために、各等級の在籍年数の標準年数と最短年数を定めて、年齢による標準モデルを決める（表1-1参照）。

　資格等級は、組織成員それぞれの職能による区分であり、組織としての管理職位とは異なる。したがって、資格等級と管理職位との対応関係を決めておく必要がある。

　表1-1は、従業員350名のある中堅の電機部品メーカーA社の資格等級フレームである。資格等級を九つに分け、昇格を査定する時期の標準在籍年数を決めて標準モデルを定めている（たとえば、4級は年齢24～27歳、在籍年数、標準4年となっている）。

　資格等級4～9級は、それぞれ職位と対応しているが、かならずしも一

表1-1　A社の職能資格等級フレーム

資格等級	対応職務	標準モデル 年齢	在籍年数 標準	在籍年数 最短	昇格基準	対応職位
9級	総括職務	53〜61	9	5	成績・能力	次長・部長
8級	上級管理職務	44〜52	9	5	成績・能力	次長 課長
7級	管理職務	38〜43	6	4	能力・成績	課長 課長代理
6級	管理職補佐職務	32〜37	6	4	能力・成績	課長代理 係長
5級	判断・指導職務	28〜31	4	3	能力・情意	班長
4級	判断・初級指導職務	24〜27	4	3	能力・情意	指導員
3級	熟練定型業務	22〜23	2		情意・能力	
2級	定型職務	20〜21	2		情意・能力	
1級	定型、補助職務	18〜19	2		情意・能力	

つの等級と一つの職位が対応しているわけではない（たとえば、7級の対応職位は課長代理と課長である）。

職能資格要件

　それぞれの資格等級ごとに、要求される職務遂行能力の要件（以下職能資格要件）を具体的に記述したものが定められている。その職能資格要件が人事評価の基準となり、能力育成の目標となりさらに処遇に結びつく。

　表1-2は、先のA社の職能資格要件である。このA社には部として製造部、生産管理部、営業部、総務部の4部がある。これらの部の1等級から9等級までの組織成員に対して、この一つの職能資格要件を定めている。

人事評価

　上記職能資格要件にもとづいて人事評価表がつくられ、それによって各

表1-2　A社の職能資格要件

9級	・事業の運営における広範、かつきわめて高度の専門的知識と技能により企業経営の根幹に関わる職務を行うことができる。 ・経営方針にもとづき、包括的な部門の運営を担当し、重要事項の決断ができる。 ・多数の部下の指導・監督を行うとともに、経営方針の企画、立案にも参画し、社長を補佐することができる。
8級	・広範囲な専門知識と、技能を活用して、複雑、困難、かつきわめて高度な職務を行うことができる。 ・経営方針にもとづき、一部門の運営を担当し、難しい事項の決断ができる。 ・直属部門の部下を指導・監督するとともに、定められた権限の範囲で、企画、立案ができる。
7級	・自らの専門知識と、技能を活用して、複雑、困難な職務を行うことができる。 ・経営方針にもとづき、定められた権限の範囲で、自主的に職務運営にあたり、部下の指導・監督を行うことができる。
6級	・上級者の包括的な指示に従いながら専門知識と技能にもとづき、担当職務範囲内の困難な職務を、単独で、もしくは下位等級者を指導しながら行うことができる。 ・職務運営方針にもとづき、担当職務の具体的計画を立案し、その遂行にあたるとともに、問題点の改善案を提案し、部下の指導、監督を行うことができる。
5級	・上級者の包括的な指示に従いながら、自らの判断と創意工夫を加えて、職務の計画、調整、折衝を行い、担当職務範囲内の比較的困難な職務を、単独で、もしくは下位等級者を指導しながら行うことができる。
4級	・上級者の包括的な指示に従いながら、自らの判断により、担当職務範囲内のかなりの実務経験を必要とするやや困難な職務を、単独で、もしくは下位等級者を指導しながら行うことができる。
3級	・上級者の要点指示に従いながら、担当職務範囲内のある程度の実務経験を必要とする比較的複雑な定型職務、および一部判断を要する非定型職務を行うことができる。
2級	・上級者の要点指示に従いながら定められた手続、手順によって、担当職務範囲内の日常の定型的な繰り返し職務を行うことができる。
1級	・上級者の具体的指示に従いながら、定められた手続、手順によって、比較的限られた範囲の、単純繰り返し的な日常職務、あるいは補助的な職務を行うことができる。

人の人事評価が行われる。人事評価には成績評価、情意評価、能力評価がある。

能力育成

人事評価結果にもとづいて、現在の等級で要求される職能資格要件との差異を埋めるために、さらに上位の職能資格要件を満たすために職能を育成する研修や職務配置が行われる。

処遇（昇給、昇格、昇進）

職能資格制度では、組織成員の職能の伸長によって決まる等級に合わせて給与を決定する。これを職能給という。能力の伸長に合わせた昇給を習熟昇給という（表1-3）。また現在の職能資格要件を満たし、あらかじめ決められた基準（昇格基準）に合致すると等級資格を上げ（昇格）、昇格昇

表1-3　A社職能給表

等級	1級	2級	3級
昇格昇給		5,000	6,000
習熟昇給	2,160	2,400	2,640
1	53,820	63,100	72,980
2	54,360	63,700	73,640
3	54,900	64,300	74,300
4	55,440	64,900	74,960
5	55,980	65,500	75,620
6	56,520	66,100	76,280
7	57,060	66,700	76,940
8	57,600	67,300	77,600
9	58,140	67,900	78,260
10	58,680	68,500	78,920
11	59,220	69,100	79,580
12	59,760	69,700	80,240
13	60,300	70,300	80,900
14	60,840	70,900	81,560
15	61,380	71,500	82,220

給を実施する。

A社の職能給表（表1-3）によると、1級の習熟昇給は、4段階の昇給が標準で2,160円昇給する（例えば53,820円から55,980円）。また1級から2級に昇格する昇格昇給は5,000円となっている。さらに4級以上になると、資格等級該当者のなかから選抜して対応職位に職位を上げる（昇進）処遇も行われる（4級では指導員に昇進、表1-1）。

2　職能資格制度の長所

日本の昭和40年代は、労働力不足、資本自由化という企業経営の環境条件の変化の時期であった。この変化に対応するために日経連は、昭和44年(1969)に組織成員を従来の学歴・年齢・勤続年数による処遇から、能力によって処遇することを提言した。職能資格制度は、「能力主義管理」の基本的な制度である。現在では、経済状況が大きく変化したために職能資格制度への疑問や批判があるけれども職能資格制度は多くの長所をもっている。以下に四つの長所を挙げる。

環境変化に対応

組織をとりまく環境は、ゆるやかに、あるときは激しく変化する。組織が維持、発展するためには、この環境変化への素早い対応が必要である。したがって、組織のなかの職務は、環境の内的・外的要因の変化に応じて、内容も種類も徐々にしかも絶え間なく変化しつづけている。職能資格制度において、各等級の職能資格要件はそれぞれの職務からみると具体性を欠き、抽象的であいまいである。しかし一方で、どの職務にも共通性がある。たとえば、A社は四つの部があり、それぞれの部の職務は多様だが、同一の職能資格要件を適用している。つまり、職能資格要件は職務との対応関係が少ない。それがかえって、その等級の組織成員を現在の等級のままでどのような職務、たとえば総務から営業へ、営業部内でも電機部品担当から工作機械担当というように、環境に合わせてどの職務にもつかせること

ができる。このように、各人の職務を環境変化にすばやく対応して変えることができる。要するに職能資格要件は、環境変化に対応しやすくなっている。

多能化の形成

職能資格制度において、その等級にふさわしい能力（職能資格要件）を満たしているということは、別の職務に変わってもその職能が発揮されると考えられている。先に述べたように、職能資格要件は通常職種・職務に関係なく適用することになっているから、タテマエとしてはどんな職種・職務でも同様の職能を発揮できるはずである。先の表1-2のA社の場合、この表が規定する職能資格要件を満たせば、営業部から製造部といった極端なことはないとしても、少なくとも営業部から総務部に異動しても同じ職能が発揮できるという位置づけになっている。

したがって、組織はジョブ・ローテーション[1]によりこれまでまったく経験のない職務に組織成員を配置換えする場合にも、当然のこととして同一資格で配置することができるので、組織成員の多能化を図ることができる。

モラール（やる気）の向上

職能資格制度によって、処遇のための昇格と管理配置としての昇進の分離が可能になり、職能が上がれば職位の数に関係なく昇格することができる。昇進には権限の増加があり、昇格よりモラールを高める効果は高いけれども、職位に空席や新しい職位がつくられないと昇進させられないため、運用には制限がある。一方昇格にはこうした制限はない。しかも昇格は、賃金が上がるばかりか次の職位への昇進を期待させるので、組織成員のモラールが高まる。

職能資格制度は、公的資格ではない。これを逆の面から見れば、公的な資格であれば、一定の基準を充足する必要があるが、組織の基準があるとはいえ、組織の裁量で昇格させることができる。昇進はポストの数に限りがあるが、昇格は賃金原資の増加をともなうとはいえ、弾力的に決定する

ことができる。

　したがって、組織が高業績であれば弾力的な昇格が可能となる。高度経済成長の時代は、こうして組織成員の昇格への期待にこたえることができた。組織成員はそれによってモラールを向上させることができた。

上位の等級へのチャレンジ

　職能資格制度の職能資格要件は、抽象的かつあいまいだから、組織はどの職務にも適用できる幅広い能力養成を組織成員に求めることができる。一方この職能資格要件は、組織成員にも有効に作用する。すなわち、その組織成員の職能が現在の等級に要求される水準を超えており、意欲を示せば、現在より上位の等級の職務が割当てられ、昇格のチャンスとなる評価を得ることができる。

　職能資格制度は、職能資格要件にあいまいさをおくことによって職務を環境変化にすばやく対応したり、上位の等級の職務を割当てたり、弾力的に昇格させることができ、一方組織成員は、それによって満足する、というようにうまく機能してきた。

3　職能資格制度の短所

　職能資格制度の短所として次の七つを挙げる。

能力観の不統一

　職能資格制度は、組織成員の評価・育成・処遇を一元的に管理する制度である。したがって、評価・育成・処遇にはこれらの共通項としての能力観の統一が必要となる。ところが、長期雇用のなかで統一性を維持することは難しい。日経連（1969）は、能力を「企業における構成員として、企業目的達成のために貢献する職務遂行能力であり、業績として顕現化されなければならない」として、能力とは顕在能力だと明確に定義している[2]。ところが一方で、長期雇用を前提とした育成については、「適性は現在職

務を行うのに適した状況、現在ある職務を直ちに行いうるといったことだけではなく、ある人がどのような職務の方向に向かって育成され、また努力することが向いているかという可能性、あるいは可塑性」も考慮しなければならない、という[3]。つまり、育成には潜在能力も考慮するように提言する。一方評価も、能力評価は仕事の成果すなわち、業績をよりどころとするといいながら、「ただし、業績は目標および方法・手順の設定と、遂行過程における種々の措置の結果によって達成されるものであるから、単純に、目標に対する達成度だけから判断されるべきではなく、その全プロセスにわたって、総合的に判断されなければならない。そこに潜在能力の問題が出てくる。潜在能力は、目標達成の方法・手段設定の中に、どれだけ未知の要素があり、それをどのように克服していったかの動態的な観察からその評価が可能である[4]」という。つまり、顕在能力を主体とするが、職務遂行過程で発揮される潜在能力も評価することになる。そうしなければ、現在の職務に能力を顕在化できない組織成員をみすみす殺す処遇をすることになりかねないとして、日経連はこの事例としてアメリカの公務員制度をとりあげる。「かって、当面の職務への選抜ということに重点をおきすぎたため、『しばしば、高級な管理職位の資格要件を身につけうる潜在能力を有する人間を組織内では十分に得ることがむずかしい』という事態をひきおこすにいたった」事例をあげて、「わが国の封鎖的な労働市場を前提とするならば今後の育成のためにも潜在能力の開発・育成の必要性」を主張しているのである[5]。こうした考え方が日本の組織における潜在能力重視の根拠となっている（詳細は2章で説明する）。能力は顕在的なものだが、育成と評価では、潜在能力を考慮するという不統一を職能資格制度は内包している。

　要するに、能力主義管理のもっとも重要な能力に、評価・育成・処遇の段階で異なった基準がある。これが職能資格制度の混乱の原因である。

絶対評価と相対評価の混乱
　さらに加えて、職能資格制度の人事評価がもつあいまいさが加わる。

人事評価には、絶対評価と相対評価の二種類がある。絶対評価はその組織が定めた職能資格要件を満たしているかどうかを評価する。職能資格要件を基準とするから他の組織成員との比較は必要ない。

　職能資格制度の昇格においては、絶対評価のために、職能資格要件を満たしていれば何人が該当しても昇格させるので制度上他の組織成員との競争はない。したがって、他の組織成員が職能資格要件を満たすように協調しても自分の不利にならない。経験者が未経験者に仕事を教えることはもちろん、同一評価グループ内でも協調することができる。職能資格制度では、組織成員が資格相当の能力をつけるように奨励しているから、賃金原資を考えなければ、何人昇格してもかまわないし、むしろできるだけ多くの組織成員が能力基準を満たして昇格するのは好ましい。したがって、人事評価の評価基準として、同僚との協調、後輩に対する指導や助力の項目が含まれており、これが実行される。日本の組織の人事評価はあいまいだといわれながらも受け入れられてきたのは、人事評価と昇格が絶対評価で行われるからである。

　一方相対評価は、同一評価グループ内でそれぞれの順位をつけるやり方である。評価対象者間の比較になるので、評価ランクを上げるためには他の組織成員と競争しなければならず、少なくとも、同一評価グループ内の協調は難しくなる。相対評価は組織成員間の競争を引き起こす。

　相対評価は、昇進者を決定するときに行われる。昇進は地位が上がること、たとえば課長から部長になるということだから、組織上何人でも部長をつくるわけにはいかない。部長の空席を埋めるには部長相当の資格のある人たちのなかから選抜する（表1-1参照）。つまり、その人たちのなかから誰が、誰より部長に適任かを相対評価によって決定する。すると、激しい競争が起こる。

　しかも、相対評価は組織成員間の比較となるために、評価には主観や恣意が入りやすい。日本の人事評価が主観的とか恣意的とかいう批判がされるのはこの相対評価においてである。

　しかも、実際の運用になると、昇格は絶対評価、昇進は相対評価と、厳

密に区別できない。むしろ、ともすれば両方とも相対評価になりがちである。その理由として、職能資格要件は評価基準として抽象的かつあいまいなために、毎日観察している組織成員を誰が誰より優れているか比較する方が評価はやりやすい。さらに、職能資格制度を運用する際に昇格者数の制限を設けている場合には、ある組織成員が現在の職務で十分な能力を発揮したとしても昇格させられない。昇格においても誰が誰より優れているという相対評価になる。

　日経連（1969）は「理論的には、絶対評価で人事考課の役割は完了するわけだが、日本の特殊な雇用形態である終身雇用が前提になっている以上、職務構成と人的能力構成の一致は不可能であり（中略）また本来の意味での職務基準および職務評価の設定そのものが非常に難しいこともあって、ここに相対評価が人事考課の必要悪として存在する[6]」といって、相対評価せざるをえないことを打ち明けている。

　相対評価には次のようなことが起こる。シドニーオリンピックの女子マラソンの代表選手選抜は、気象条件も参加選手も異なる結果を総合的に判断する方式で行われる。日本各地で行われる競技会のうち選考委員会が指定した競技会の順位とタイムにより、オリンピックで勝てるという基準で総合的に検討して代表選手を決定するやり方である。選考基準はタイムだけではなく、"オリンピックに勝てる人"という基準で代表候補のなかから順位をつけて上から3人を選ぶことである。これは典型的な相対評価である。しかも"オリンピックに勝てる人"はどのようにも解釈できる相対評価である。選考期間中、高橋尚子選手を指導していた小出義雄監督は、「相対評価の問題を解こうと苦悶して夢にうなされた[7]」という。

　こうした過程のなかで選ばれた高橋選手は、シドニーオリンピックの女子マラソンで金メダルを獲得した。高橋選手や小出監督にとって、オリンピックの金メダルを同条件のもとで順位だけで競うという絶対評価より、日本陸連による相対評価による選考の方が不安の多いものであっただろう。

　組織のなかでも昇進の選抜のときには"将来組織を背負って立つ人"が

基準になる。"オリンピックに勝てる人"と同様にあいまいな基準での相対評価である。一見公正で、ともに多くの該当者に期待をもたせ、誰でも選ばれそうでありながら、誰もが該当しないことにもなる。あいまいな基準による相対評価の問題点である。

　しかも組織内の人事評価には、マラソン選手の選考とは大きな相違がある。女子マラソンの選考は世間注視のなかで行われるので、少なくともなんらかの世間を納得させる説明がいる。しかし、閉鎖された組織のなかで行われる人事評価や昇格者、昇進者の選抜には、世間に説明を要しない。それだけに多くの不透明さが残り、そのために組織成員に不満や疑問を生じさせることになる。

職務評価基準としての職能資格要件のあいまい性

　一つの組織には多くの職種と職務がある。しかし職能資格制度の職能資格要件は、同一職種・職務のなかでどの資格がどのような職務を遂行しているか具体的に記述したものではない。A社を例に説明してみよう。部品メーカーであるA社の製造部には資材、プレス、部品組立、金型製造の4課、生産管理部には品質管理、原価管理の2課があり、営業部には電機部品を担当する営業第一課、その他機械部品を担当する営業第二課の2課、総務部には人事課、総務課、資金課、経理課の4課がある。当然これらの課の職種・職務は多様である。しかし、製造と事務という職種の違い、さらには製造・生産管理部門だけみても6課の職務を一つの職能資格制度と職能資格要件で運用している。

　異なる職種・職務が同一資格に割当てられているために、その職種・職務で必要とされる職能資格要件を具体化することができない。したがってその職務の資格ランクに共通に必要とされる能力は抽象的な表現としてしか規定できない。したがって、先の九つのランクの職能資格要件は抽象的なものになっている（表1-2参照）。

　職能資格要件は、職種・職務別に具体的に定めるのが望ましい。組織によっては、それぞれの等級で行うべき職務を調査して、職務記述書にその

職務を記載し、それにもとづいて職能資格要件を決定している。

A社は、その後6ヶ月をかけて職務調査を実施した。しかしこうした手間のかかる職務調査を実施している企業は少ない。

このような職能資格要件の不明確さが、先に述べた長所の要因となるばかりでなく、一方で評価基準があいまいという短所となる。

汎用性のない職能資格要件

職能資格要件は、組織ごとにその基準が異なり社会的共通性がない。したがって、職能資格要件は、社会的にその資格がどんな能力を表しているのか、何ができるかを明確に説明するのに使えるような汎用性のあるものではない。したがって、現在所属する組織で上位資格についていたとしても、組織成員は、他の組織に対してその資格で具体的に何ができるといえない。このために、他の組織に変わる際に、能力を客観的に証明できない。

一方、採用する組織も組織によって職能資格要件が違うので、他の組織における資格を基準にできない。資格よりむしろこれまで何をしてきたか、どんな実績を上げたかを採用の"めやす"とせざるをえない。要するに、資格は必ずしもその人の能力を表すとは考えられない。

社会的基準でない賃金体系

組織内の賃金体系は、それぞれの組織独自の体系となっている。しかし、外部から中途で人材を採用する際には、この人材をこの賃金体系のなかにはめ込まなければならない。ところが、外部労働市場ですでにその人材の賃金相場が決まっているような場合には、この体系にうまく当てはまらない。それにもかかわらずその人材の賃金相場通りに体系に組み入れようとすると、既存の組織成員の処遇と齟齬をきたすことになる。そのために、外部労働市場から人材を中途採用しにくい。

高コスト

職能資格制度は、運営するためのコストが高くつく。職能資格制度は組

織成員の能力伸長を期待し、能力が伸びればそれに対応する昇給を行う。すなわち、能力伸長に応じた習熟昇給が定期的に行われる（以下定期昇給という）。

職能資格制度は、組織成員の能力が公正に評価され、その評価の結果が定期昇給に反映されるという期待の上に成り立っている。その能力の評価は、職能資格要件を充足しているかどうかを評価する絶対評価の方式を採用している。当然のことながら評価の高い組織成員の昇給額は評価の低い組織成員より多いから、能力が伸びた人たちが多ければそのまま定期昇給総額は多くなる。

A社では各等級における標準評価を受けた者は4号俸昇給する。たとえば2級であれば1号俸の格差が600円となっているので600×4＝2,400円の定期昇給となる（表1-3参照）。標準より高い評価を受けるとさらに何号俸か昇給し、逆に低い評価を受けると3号俸かそれ以下となる。

最近の定期昇給は、不景気のために少ないか、あるいはゼロになってきているけれども、これまで民間企業の定期昇給は、2.0パーセント前後といわれている。表1-3は、A社の資格構成で約2パーセントになるようにつくられている。

増加する賃金総額はこの定期昇給だけではない。さらに昇格者に対する昇格昇給が加わる。職能資格制度の賃金表は、定期昇給とともに昇格昇給も表している。職能資格制度は、資格等級を昇格するという従業員の期待の上で、能力を伸ばそうとする組織成員の意思で成り立っている。

このように定期昇給と昇格が能力伸長と一体化されているということであり、これが職能資格制度の最も重要な点である。

さらに絶対評価によると、基準を満たした組織成員全員を昇格させることになるので、業績にかかわらず昇格者を出すことになり、業績によっては過大な負担になる。もちろん、昇格者がコストに見合う貢献を組織にするならコストは回収される。しかし、昇格は昇格にふさわしい職務の存在を前提にして行うものでないために、こうした関係は必ずしもない。

しかし、組織成員の能力伸長に対して定期昇給という形で報いるために、

人事評価によって昇給額に差をつけること、昇格に際して昇格昇給をつけることは、職能資格制度に付随するコスト、職能資格制度を維持するために不可欠なコストである。

さらに、これにベースアップが加わる。ベースアップはそのときの景気によって上下するが、もし3パーセントなら合計5パーセントの賃金原資の増加となる。

高生産性が維持できた高度経済成長が終わり、低成長が恒常的となった現在では職能資格制度に伴うこの高コストが大きな負担となってきている。

長期雇用が前提

職能資格制度は長期雇用を前提としている。なぜなら、その等級はその組織特有のものであって、その等級で要求している能力は、当該組織で必要なものであり、汎用性のある専門的な知識や技術を示すものではない。したがって、その組織において上位等級の資格についても、どの組織にも通用できる高い能力をもっていることにならない。それにもかかわらず、営々として努力して上位資格に到達しようとするのは、その組織に長期間雇用されると考えるからである。ところが、そうして得た資格は現在の組織に通用するものであって、転職する場合に共通の知識や技術を表すものではない。そのために、上位の資格になればなるほどその組織に居続けようとする。一方組織にとっても、有能な人材が長期間その組織にとどまるというメリットがある。要するに、組織成員にとっても組織にとっても職能資格制度は長期雇用を前提としている。長期雇用が崩れようとしている現在では、これが短所になる。

4　職能資格制度と強いられた協調

日経連の主張

日経連（1969）は、能力主義の目的を企業組織全体の生産性・能率向上

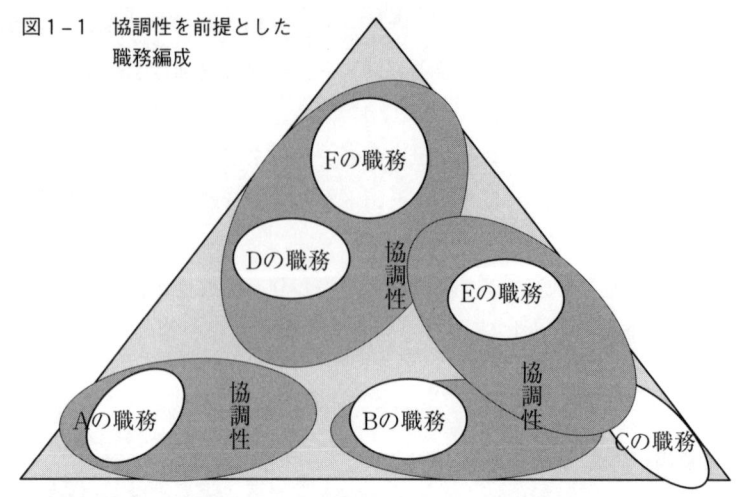

図1-1　協調性を前提とした
　　　　職務編成

三角形は課に割当てられた職務全体、○はA～Fに正式に割当られた職務を示している。
注；この図は石田（1985）P.11の図1-2からアイディアをえている。

においた。個人の集団に対する忠誠・帰属心をわが国の民族的資産と位置づけ、小集団単位による経営目標達成への全従業員の自主的・積極的参加体制を推進する必要を主張して、権利義務一本にもとづく欧米の能力主義との違いを明確にしている。[8]

　上記の主張は現場ではつぎのようになる。個人の職務内容があいまいなために職務は随時変化する。一応職務の担当が決まっていても、能力が上がればさらに難しい職務も行うようになる。組織成員の構成が変われば、職務内容がその都度変わる。欠員が出れば、職務範囲は広くなる。日本の組織は、集団に割当てられた多くの職務をそれぞれの組織成員の能力やその組合せの変化に応じて、職務分担を変えることによって職務を遂行して行く。そこでは組織成員の強いられた協調が必要となる。

　これを図1-1で説明しよう。図1-1は、ある課に割当てられた職務全体を三角形で、この職務全体を行うためにA、B、C、D、E、Fの6人が所属していることを示している。課に割当てられた職務の難易度に差があるため、比較的簡単な職務はA、B、Cの下位の資格等級の組織成員が

担当し、比較的難しい職務はD、Eの中位の資格等級者が、難しい職務と課全体の管理を上位等級者であるF課長が担当している。すなわち、職務に難易度の差はあるけれども、課全体の職務をこの6人で行う。ところが、課の職務には、A～Fが担当している職務以外にも担当者が決まっていない職務がある。これらの職務は、6人のうちの誰かが行わざるをえない。たとえばAとBの間隙の職務をAが行うと、BはCとの間隙の職務を行う。Eは現在の職務に不慣れなCの職務の肩代わりをする。またDが異動して欠員になる、あるいはDがやっていた職務に未経験な成員が異動してくれば、FはDの担当していた職務を全面的に担当するか、その職務の一部を肩代わりする。図1-1はこの状況を示している。

職務のあいまいさが生む協調

このように一つの課の間隙の職務も日経連のいう「全従業員の自主的・積極的参加体制」で遂行していく。要するに、自主的・積極的参加が求められる職能資格制度のもとでは、組織成員同士の協調がなければ一つの集団（事例では課）として、全体の職務をもれなく遂行できない。したがって、それに必要な知識や技術の伝承と形成は同僚や上司が職務を通して指導・育成するOJT[9]というやり方で行われる。

日本の組織成員が協調的だから職務を協調して行うのではない。職務の範囲があいまいだから相互に間隙を埋めながら職務を協調して行う。つまり、職務編成が組織成員を協調的にしており、それをさせているのが職能資格制度である。本書はこうした職務のやりかたを"強いられた協調性"と呼ぶ。

5　職能資格制度と強いられた競争

上述のように、職能資格制度は絶対評価を原則にしている。先の課の組織成員は、強いられた協調であっても互いに協力して職務を行いながら、課の組織成員の能力を皆で伸ばしている。ところが、いつも絶対評価で行

うことはできない場合がある。たとえば、図1-1でD、Eがともに課長への昇進の資格をもっている場合に、どちらかをFの後任の課長にするというときである。当然のことながら、課長は1人しか必要ないから、どちらかを選抜する相対評価が行われる。

人と人の間に差をつける相対評価は、具体的にはポストが限られている昇進者の選抜、支給原資が決まっているボーナス支給時に行われる。要するに、組織成員が高い関心をもつものが相対評価になっているので、組織成員は互いに強いられた競争をせざるを得ない。序章の文献サーベイで挙げた構造的な競争である。

これまで述べてきたように職能資格制度は多くの長所がある一方で、また多くの短所がある。そしてこの制度が組織成員に強いられた協調と強いられた競争という両立しにくい行動を要求している。次章ではこの制度の運用について考える。

1) 社員の職務を定期的に変え、いろいろな職務を経験させること。
2) 日経連（1969）p 18〜19。
3) 前掲書 p 253〜254。
4) 前掲書 p 43〜44。
5) 前掲書 p 254。
6) 前掲書 p 439。
7) 『ナンバー』2000年3月9日号。
8) 日経連（1969）p 21。
9) 日常の職務を通じての訓練。on-the-job-training の略。

第2章　人事評価を評価する

　組織の維持・発展にとって、いつの時代、いかなる組織においてもその組織成員の能力の優劣が決定的な要因となる。そのためには組織成員を公正な方法で評価し、能力を育成し、それに合わせて処遇することが必要となる。日本の組織は、職能資格制度によって組織成員の能力をランクづけする人事制度を採用して、組織成員の人事評価を行っている。本章では、第1章の職能資格制度の考察をうけて職能資格制度のなかの人事評価の運用を考察する。そして、職能資格制度における人事評価制度の運用上の問題点を明らかにする。

　人事評価がどのように運用されていても、当該組織のやり方が分かればそれに合わせればよい。したがって、組織で働いたことのない、あるいは実態を知らない人たちにとって、人事評価の運用の欠陥を指摘することは、高い人事評価を受けられなかった者の言い訳あるいは負け惜しみのように聞こえる。現に、日本の組織はかなり公正な人事評価をしているという研究者もいる。筆者は、こうした第三者的論評におおいに疑問をいだいている。本章はこの疑問の根拠を呈示する。そのうえで、人事評価の運用のなかで、強いられた協調と強いられた競争に翻弄される組織成員を描くのが本章の目的である。

　なお日本の組織では、組織成員の働きを評価することを人事考課、人事査定、人事評価と呼ぶが、本書は人事評価で統一する。

1 人事評価制度

人事評価者

1人の評価者が、1人の被評価者を評価することは少ない。多くの場合、2人あるいは3人の評価者が行う。このやり方を多面的評価とか、多くの人の目を通した評価といって、人事評価の公正さを保証するものとしてとらえる人たちがいる。

評価者は被評価者の上司であることが多い。これは、上司が被評価者の職務に精通していることを前提としている。被評価者の職務をよく知らなければ評価はできないからである。

人事評価の種類

日本の組織の評価制度には能力評価、成績評価、情意評価の三つがある（表2-1参照）。これら三つの評価の比重は職能資格等級により、また人事評価の利用目的によっても異なる（52頁の表2-2参照）。

●能力評価

能力評価は、それぞれの組織成員の等級で要求される能力の内容とレベルを定めた職能資格要件の基準により評価が行われる。職能資格要件は資格ごとに異なるので（表1-2参照）各等級グループにより評価項目が決められている。表2-1の事例では、A社の上級管理者（8～9級）の能力評価項目は、知識・技能、決断力、企画力、管理統率力となっている。この能力評価により、その等級の職能資格要件を満たしたと判定されると昇格する。職能資格要件は第1章で述べたように職種にかかわらず同じであり、その内容は抽象的なものとなっている。したがって、この職能資格要件を満たしているかどうかの評価基準も、抽象的な表現となっている。こうした評価基準で、どの程度顕在能力の判定ができるのかという疑問が起こる。日本の組織では、ジョブ・ローテーションにより現在の職種や職務と関連の少ない職種・職務に配属されることが少なくない。そのためには、いつそのようになっても十分にその仕事が行える必要がある。したがって、能

表2-1　A社の人事評価表（8-9級）

		1次評価	2次評価	査定	評価基準
成績評価	売上高	SABCD	SABCD	SABCD	・売上目標と実績の比較はどうだったか ・売上目標を達成するための努力はどうだったか
	利益貢献	SABCD	SABCD	SABCD	・売上高に相当する利益を上げたか ・赤字売上はなかったか
	顧客開拓	SABCD	SABCD	SABCD	・新規の顧客を開拓したか ・既存の顧客の売上増加を達成したか
情意評価	規律性	ABCD	ABCD	ABCD	・職場の規律を守ったか ・仕事上の秘密を守ったか
	協調性	ABCD	ABCD	ABCD	・周囲と調和するように心がけていたか ・同僚の仕事を助けたか
	積極性	ABCD	ABCD	ABCD	・仕事に意欲的に取り組んだか ・仕事の改善に積極的に取り組んだか
	責任性	ABCD	ABCD	ABCD	・自分の役割を十分に果たしたか ・仕事上の約束を守ったか
能力評価	知識・技能	SABCD	SABCD	SABCD	・職務を行うための知識・技能はどうだったか ・経営方針にもとづく運営をするための知識・技能はどうだったか
	決断力	SABCD	SABCD	SABCD	・難しい問題を決断できたか、その決断は正しかったか
	企画力	SABCD	SABCD	SABCD	・企業の発展につながる企画を立てたか、その結果はよかったか
	管理統率力	SABCD	SABCD	SABCD	・部下を指導、教育したか

S：上位等級に該当する
A：期待し要求する程度を上回る
B：期待し要求する程度
C：期待し要求する程度を下回る
D：職務に支障を来す

第2章　人事評価を評価する

表2-2　人事評価ウェイト表

	1-3級		8-9級	
		昇給		昇給・昇格
成績評価	売上高	5	売上高	20
	利益貢献	5	利益貢献	20
	顧客開拓	5	顧客開拓	10
	小計	15	小計	50
情意評価	規律性	15	規律性	2
	協調性	15	協調性	2
	積極性	10	積極性	3
	責任性	10	責任性	3
	小計	50	小計	10
能力評価	知識・技能	10	知識・技能	10
	理解力	10	決断力	10
	創意・工夫	10	企画力	10
	表現力	5	管理統率力	10
	小計	35	小計	40

力評価では現在の仕事における顕在能力だけではなく、どんな仕事にも発揮できる潜在能力も評価している。もともと、職能資格要件自体がどの職種・職務にでも共通になっているのはこのためである。

●成績評価

　成績評価は、評価期間の最初に上司が部下に期間中に要求する具体的な仕事とその水準を示し、両者の合意のもとでそれを成績評価の基準（職務基準という）とする。その基準にもとづいて、評価時にその達成度を評価する（表2-1では売上高、利益貢献、顧客開拓の達成度を評価する）。したがって、成績評価は顕在能力を評価していることになる。

　最近では、上司と部下があらかじめ目標を決める制度が作られ、話し合いのための書式を制定している組織が多くなっている。これが目標管理制度である。評価期間の最初に決めた目標を基準として、これらを達成しているかどうかで評価する。従来は、ともすると目標を話し合うという手続きが行われないことがあったが、制度として実施されることが多くなって

いる。[2]

　成績評価は、顕在能力発揮の結果だけでなく、能力評価で判定した潜在能力が現れた結果という位置づけとなる。

●情意評価

　情意評価は、他の成員と長期間、しかも個人というより集団で働く日本の組織成員には欠かせない評価とされている。したがって、そのために必要とされる資質、態度を評価する。評価項目は、職場の規律を守ったかどうかを評価する規律性、周囲との調和、同僚への助力をみる協調性である（表2-1）。

　さらに情意評価には、能力評価を補完する目的がある。能力評価において、潜在能力も評価した。その潜在能力を実際に発揮するかどうかを判定するには、仕事への意欲や仕事の改善への取り組みに関する積極性、自分の役割や仕事上の約束を守ったかどうかを評価する責任性という情意評価は欠かせない（表2-1）。すなわち、潜在能力を評価するからにはいつかその潜在能力を発揮してもらわなければならない。いつまでも潜在している能力のままでは評価に値しない。そのためには情意として評価される積極性、責任性の評価が高くなければ潜在能力を将来発揮することを期待できないと考えられている。要するに、積極性と責任性は潜在能力を駆動させるエンジンという位置づけである。

　日本の組織で情意評価が実施され、重視されるのはこのためである。

2　人事評価制度の運用を評価する

　日本の組織の人事評価は、日本人の能力観にもとづいていると思われる。

日本人の能力観

　岩田（1982）は、能力を次の三つの概念に分ける。「われわれが使用する能力という言葉は、三つの異なる概念を含んでいる。そのひとつは実力とも言うべきもので、特定の領域において、訓練や努力の結果到達した能

表2-3　日本の社会の能力観

	潜在能力	顕在能力
一般的	一般的潜在能力 （力量）	一般的顕在能力 （人物）
特定分野	特定分野の潜在能力 （素質）	特定分野の顕在能力 （実力）

澤野（2001）現代日本企業の人事戦略
（P106）図3-1を一部省略

力のレベルをあらわしている。これは、ピアノの実力とか英語の実力とかのように、特定の領域においてすぐさま発揮しうる顕在的な能力であるが、特定の領域に関してのみ認識されうる能力である。

　第二の概念は、素質とも言うべきもので、特定の領域に関して認識される潜在能力を指す。それは、音楽の素質や語学の素質のように特定の領域で磨きのかかりやすい性質を意味する。第三の概念は、力量とも言うべきもので、きわめて一般性をもった潜在能力、すなわち幅広い領域において磨きのかかりやすい性質を指す[3]」。

　澤野（2001）は、このように能力を三つに分けて考える岩田の見解に賛成しながら、能力はもう一つあると指摘する。「一般性を持った能力と特定分野の能力及び潜在能力と顕在能力という二つの次元を考えるならば、能力の種類は2×2＝4で4種類なければならない。すなわち一般的能力の顕在能力が欠落している。それは日本において『一廉の人物』といわれる、顕在化した力量のある人物である[4]」。

　岩田と澤野の見解は、表2-3のようになる。

図2-1 日本の組織における能力観

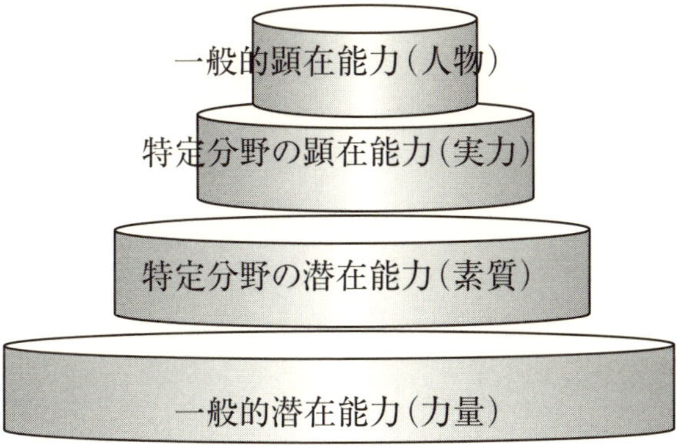

```
        一般的顕在能力（人物）
      特定分野の顕在能力（実力）
    特定分野の潜在能力（素質）
  一般的潜在能力（力量）
```

日本の組織の能力観
●能力階層観

　筆者は、日本の組織では、四つの能力は表2-3のように平面ではなく、図2-1のように、組織成員が評価される能力は階層となっていると想定されていると考える。

　組織成員がまず評価される能力は、「一般的潜在能力」（力量）である。事務系と技術系の部門は分かれているけれども、職種別採用を行わず、どの職種・職務でもできる人材を求めている日本の組織では、一般的潜在能力（力量）がその個人の将来性を決定する重要な指標である。一般的潜在能力の広さ、さらには厚さが、その他の能力の基層として重要な評価となる。次に、特定の分野で何をやってくれそうかという「特定分野の潜在能力」（素質）があるかどうかである。これらの二つの潜在能力は、顕在能力の土台としてまず評価の対象となる。これら二つの潜在能力の見きわめがつくと、顕在能力の評価が始まる。いかに日本の組織が潜在能力を重視するといっても、能力を顕在化する、すなわち、担当分野で成果を上げないことには組織の維持・発展は不可能であり、「特定分野の顕在能力」（実力）を評価する。最後に組織を運営し、組織を代表する人物かどうかを、一般的顕在能力（人物）として評価する。結局、日本の組織においては、

第2章　人事評価を評価する　55

図2-2 潜在能力と顕在能力の関係

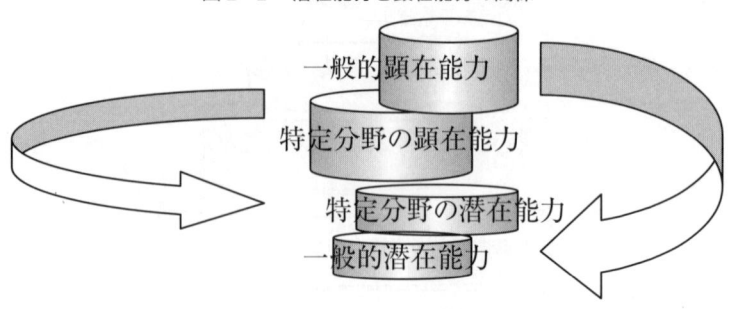

一般的顕在能力
特定分野の顕在能力
特定分野の潜在能力
一般的潜在能力

広く、厚い一般的潜在能力と、それに土台を置く特定分野の潜在能力がその他の顕在能力の評価にとって決定的に重要である。潜在能力が狭く、薄いと評価された者は、たとえ顕在能力を発揮しても、それは所詮一時的あるいは運によるものであると評価される（図2-2参照）。

図2-1は、一般的潜在能力・特定分野の潜在能力が広く、厚いと評価された人の確固とした安定・充実した能力体系を表している。

一方図2-2は、一般的潜在能力や特定分野の潜在能力が狭く、薄い人の不安定な能力体系、すなわち顕在能力は図2-1に比べて小さく、しかも基層となる潜在能力からはみ出した安定性のない一時的で信頼性のない能力であること、したがって正当に評価されないことを表している。矢印は特定分野の顕在能力、一般的顕在能力の真偽を、それぞれ特定分野の潜在能力、一般的潜在能力の評価に立ち返って判断することを表している。

要するに、一般的潜在能力が有ると評価されてから次に、特定分野の潜在能力の評価対象者となり、特定分野の潜在能力が有ると評価されて、ようやく特定分野の顕在能力や一般的顕在能力の正当な評価対象者となる。

つまり、日本の組織の能力観は「一般的潜在能力」を基層にして、「特定の分野の潜在能力」「特定の分野の顕在能力」「一般的顕在能力」の四つが階層をなしているということである。これはマズローの欲求階層説において人間の欲求が階層となっていると主張しているように、能力も階層となっているということである。さらに、マズローが、欲求階層説で、低次欲求が満たされてから高次欲求が起こると考えているのと同様に、潜在能

力という基層が十分存在してこそ、顕在能力が発揮されるのだという考え方である[5]。一般、特定の潜在能力があると評価されることは顕在能力を正当に評価されるための必要条件で、そのまま顕在能力があると評価される十分条件ではない。しかし、いったん潜在能力が高いと評価されると、自らの顕在能力でなくても、つまり部下の助力によるものであっても本人の特定分野の顕在能力として、さらには一般的顕在能力として評価されやすい。結局、一般、特定の潜在能力があると評価されてしまえば、部下の助力によるものであっても、やることなすこと本人の高い潜在能力が顕在能力として現れたものという評価となる傾向がある。もちろん、本人自身が顕在能力をもっている場合もある。しかし、本人自身の能力でなくても、多くの人たちはいつの間にか自分自身の顕在能力によるものだと認識するようになる。逆に、潜在能力を低く評価された組織成員は、自分には顕在能力が無いものと思いはじめる。このような結果を生じる潜在能力の有無は、それが目に見えないものだけにその有無の評価は偶然性を免れることはできない。しかし、「この相違が『偶然の』理由から生まれたことがいかに歴然としていようとも、恵まれた境遇にある者は自己に有利なこの対照を『正当』なものとみなし、自己の状態を自分の『功績によって得た』ものと考え、相手方の状態を何らか『自業自得』のものとみなしたいという欲求」によってこの状態を正当化する[6]。

　人事評価の理不尽は、単に地位や賃金の差ではない。このように偶然ともいうべき人事評価の差が、自己の能力についての認識を決めてしまうことである。つまり、誤って高く評価されると自分には正当に能力があると自分で納得して、自分は他の人たちとは違う種類の人間だと勘違いしてしまうことである。一方、誤って低く評価された人たちは、低い評価が続くために自分には能力がないとあきらめてしてしまい、ついには評価通りの能力になってしまうことである。

　よく組織成員は、何が評価されているか不明確だという。このように感じるのは評価される人たちだけではない。実は、評価する者も同じ疑問をもつことがある。ある支店長は「私が公正に評価して能力あり（筆者注；

第2章　人事評価を評価する　57

顕在能力）と評価したにもかかわらず、人事部の査定では1ランク下げられることがあるけれども、なぜか分からない」という。この場合、能力階層観、すなわち基層や土台となる潜在能力があるとこれまで評価されていなければ、現在の顕在能力の評価が低くなってしまう。つまり、潜在能力が乏しいと評価されてしまうと、その後評価される顕在能力はたとえ発揮しても正当な評価は受けない。人事部の査定では、図2-2の矢印のように特定分野の顕在能力（実力）は特定分野の潜在能力（素質）との対比が、一般的顕在能力（人物）は一般的潜在能力（力量）との対比が行われて、顕在能力の真偽が確認される。この支店長の知らないこうした人事部の査定が、彼の顕在能力評価と違ったものとなる原因である。

● 潜在能力にもとづく職務編成

　日本の組織の職務編成は、組織成員の潜在能力を前提として編成している。今、ある重要な職務に欠員が生じたとしよう。その欠員の補充のために、候補者の選定が行われる。その選考基準は、すでにその職務を行ったことがある人か、あるいは現在の仕事を十分に行っており、その職務の経験はないけれども、それを行うだけの潜在能力がある人のなかから選ぶことである。前者の職務経験者を選べば無難であるが、職場で人材を育てる意味からすると後者の未経験者から選ぶことが多い。

　この選考過程を図2-1で説明すると、特定分野で顕在能力を発揮している人のなかから、欠員の生じた特定分野の潜在能力のありそうな人を選び、さらにそのなかで一般的潜在能力がありそうな、あるいはあると判定された人のなかから欠員の生じた職務に選考する。現在の職務で顕在能力を発揮していることは必要条件ではあるが、特定の未経験の職務で能力が発揮できるかどうかを判断するために特定分野での潜在能力を考え、さらに安心して未経験な職務を担当させるよりどころが、一般的潜在能力の判定である。確固とした基層となる一般的潜在能力の存在は、未経験の重要な職務を行う際に不可欠だと考えられている。日本の組織（特に官庁）では、若くして重要な職務に就く組織成員がいる一方で、かなりの年齢になっても、いつまでも重要な職務につけない人たちがいるのはこのためであ

る。もちろんこれは重要な職務の場合であって、どの職務でもこれと同じやり方というわけではない。簡単な職務では、これほど厳密な潜在能力判定を行わない。

　新しい職務についた組織成員は、少なくとも当初は潜在能力を顕在化することができない。したがって、自分ひとりではその職務をこなすことはできない。そこで同僚あるいは上司がその人を助ける、つまり職務の一部を肩代わりすることになる。この肩代わりする人たちは、彼ら自身の職務ばかりでなくさらに他の組織成員の職務を行う。要するに、彼らには現在発揮している顕在能力のほかに、他の組織成員の職務まで行うだけの潜在能力があったのである。またこうした潜在能力をもった人たちがいるという前提がなければ、その職務の未経験者を配置することはできない。このように日本の組織の職務と組織編制は、潜在能力の存在を前提として組み立てられている（第1章図1−1参照、網かけの協調性の部分は潜在能力の存在に裏づけられている）。

　したがって、日本の組織では潜在能力は特に重視される。先の欠員の補充にとどまらず、多くの組織成員が次々に職務、さらには職種すら変えていく日本の組織では、どんな職務・職種でも無難にこなす能力、すなわち大きな底知れぬ潜在能力が必要とされる。

　逆にみれば、日本の組織においては、潜在能力が重要な評価対象とされるために、配置転換を拒むことはできない。それが現在の職務とまったく異なるものであっても、何でもできる能力、つまり潜在能力をもっていることを示さなければならない。

　こうした能力観が、日本の組織に存在することを多くの組織成員はうすうす気づいている。しかし、このような"気づき"が定着することは日本の組織の能力評価、特に実際に発揮している顕在能力が公正に評価されているかを疑わせ、ひいては組織の秩序を混乱におとしいれることになる。日本の組織にはこの"気づき"が"確信"とならないように、やはり現在の顕在能力が公正に評価されているのだという認識に引き戻す仕掛けがある。それが予想外の抜擢であり、敗者復活といわれるものである（この時

は、潜在能力の有無を無視して顕在能力で選考している)。これらは抜擢された本人のみならず、人事評価とその結果の処遇に納得がいかなかった同じ境遇の組織成員の"気づき"を疑わせ、動揺させて再び顕在能力発揮に駆り立てる。そうして、できればそうであって欲しいと思っている、顕在能力さえ発揮すれば正当に評価されるという期待にすがりつかせ、せっかくの"気づき"を元の木阿彌にしまう。抜擢や敗者復活は、組織の第三者から組織の英断だ、逆転人事だと讃えられる。もちろんそういう場合もある。しかし、上記のような目的のために行われることも決して少なくない。

こうした能力階層観を理解しなければ、日本の組織の能力評価を理解することはできない。また逆に、この能力階層観によって日本の組織の人事評価、さらにはその結果としてでき上がった組織成員の階層を考察すれば、これまで不可解であったことが明瞭に理解できるようになる。

潜在能力重視は採用から始まっている。日本の組織の新卒採用は、職種を特定している場合は少なく、現在保有する職業能力を採用基準にしていない。採用基準は、これからどんな職務でもできそうな能力、すなわち潜在能力の高い人を短時間で判定して採用する。しかし、採用のベテランたちによる多段階の選考によって採用したとしても、潜在能力という見えないものを正確に判断するのは難しい。筆者は、採用のベテランが、これまで数人だけれども見間違ったと、くやしがっていたのを思い出す。したがって、採用後もかなりの年数をかけて、潜在能力の有無を評価する。それには職務を変え、評価者を交代して、慎重な評価が行われる。しかし、このようにしてもなお潜在能力の有無の判定は難しい。

一方で、組織は日々顕在能力としての成果あるいは業績を必要としている。これらがなければ組織は存続できない。したがって、いつまでも潜在能力の判定に慎重を期しているわけにはいかない。ある限られた時点までに判定して、以後はその判定にもとづいて顕在能力を評定していく。ある程度の判定ミスは仕方がないと割り切る。その上で"潜在能力あり"の人たちを支援する体制(協調と競争の体系)を作り上げて、いったん"潜在能力あり"とした人たちの顕在能力を証明していく。それにより、潜在能

力が顕在能力として発揮されている、という結論に導いていく。

しかし、潜在能力があると判定されたために、実際にはなかったかもしれない人たちが優遇されるという理不尽が起こる。しかも、このような潜在能力重視だけでは、組織の業績を上げるのは難しい。そのためには既に潜在能力が乏しいとして評価されてしまったけれども、特定分野で顕在能力を発揮している組織成員に、潜在能力があると評価された人たちを支えさせることが不可欠である。そこで以下の集団的能力主義にもとづく人選が実施される。

●集団的能力主義

突然話が変わるが、女子マラソンの五輪代表選考をめぐる騒動は、4年に1度起こる定例の行事となっている。騒動の原因の一つは3人の代表選手を参加選手、気象条件、走るコースがそれぞれ違う五つの選考レースの勝者のなかから選ぶことにある。したがって、いかに厳正に選考したとしてもこのやり方に疑問をもたれることになる。さらに、騒動が起こるもう一つの原因がある。それはチームの編成である。

2000年シドニーオピンピックの代表選手選考においても、例年通り騒動が起こった。これらの騒動の内容は省くとして、なぜこのように騒動が起こるかということに関して、『日本経済新聞』は、「マラソンは個人競技だが、陸連にすれば、だれが取っても日本のメダルに違いない。少しでも上位に食い込む確率の高い『チーム』に編成したい。そこで専門家たちの"勘"とも呼べる裁量が入り込む」と報じている[7]。

この選考方法は組織における昇進者の選抜と同じである。まず組織でも、職種や職務が違う候補者のなかから昇進者を選抜する。つまり、マラソン代表選手を参加選手、気象条件、コースの異なる選考レースで選ぶのと同じである。

つぎに、上記マラソンのチームがチームによるメダル獲得をめざすのと同様に、組織においても上位階層への昇進者は、潜在能力のある者のなかから、組織成員をまとめて、全員の力で組織業績の達成ができるかどうかによって選抜する。

日本の昇進者の選抜には、本人の能力だけではなく、最終的には集団として最大の能力を発揮するにはどのようなチームがいいのかという判断が入り込む集団的能力主義になっている[8]。

　しかし、そうした選抜の過程には"あいまいさ"が生じる。組織成員個人の能力と集団全体の能力は区別がつかなくなる。

3　評価者を評価する

人事評価は民主化のシンボルか

　人事評価には積極的な意義があることを指摘しておかなければならない。遠藤（1995）は、人事評価制度の導入を企業民主化としてとらえている。その理由は、査定制度（本書では人事評価）がなければ評価する上司が大きな裁量幅を持ち、"えこひいき"が可能である。査定制度の導入により評価基準が制度化されて、上司の裁量幅は狭められ、"えこひいき"の可能性が低められることを指摘する[9]。

　たしかに、人事評価制度のない状態を想像してみれば、この指摘の通りである。しかし、制度があるからといって十分に目的を達しているとはいえない。

　巨人軍の川上哲治監督は、監督に就任した年から試合後すぐに彼自身とコーチ全員による査定会議を開いてサインの見落とし、連係プレーの見落とし、怠慢など記録に残らないプレーにも目を配ったという[10]。巨人軍の連続優勝の陰には、一つ一つのプレーを真剣に評価するという取り組みがあった。

　つまり、人事評価制度の導入だけでは"えこひいき"は解消されない。査定を全コーチで実施した点が重要である。単独の評価にはかならず評価者の主観が入る。ところが、野球のプレーの価値はコーチの担当分野で変わってくる。一見してファインプレーでも、守備コーチと打撃コーチという担当分野でその評価は異なるであろう。組織で働くのと、野球のプレーとどちらの評価が難しいか分からないけれども、評価の民主化には組織で

も野球の査定と同様に評価者全員の人事評価への真摯な取り組みがなければならない。日本の組織における評価者の実態はどうであろう。

複数の評価者の問題点

　日本の組織成員は、所属する部門の直属の上司と、その上司の上司というように単独の評価を避け、複数の上司によって評価される（例、1次―課長、2次―次長、3次―部長）。こうした複数の評価者による評価は、1人の評価者による評価と比べてお互いに他の評価者を意識して、評価に個人的な恣意や主観を入れないようになり、さらに被評価者の多面をみることによって、できるだけ偏りのない公正な評価をするのを目的としている。

　小池（1981）は、日本企業の人事評価は長期かつ念入りであり、しかも評価は複数評価者によって行われるので、評価の基準に「相場」が形成されて、主観や恣意性が少なくなる、という[11]。

　たしかに、こういう面も否定はできないけれども、かえって評価が歪曲されるという面もある。

　ある大企業の中間管理職は、彼自身の人事評価について「私の人事評価は、毎日一緒に仕事をしている上司と、めったに会ったこともない東京駐在の専務がします。私は、直属の上司の人事評価には納得しますが、専務の人事評価が私の何を評価しているのか分かりません」と話した。

　日経連（1969）はこうした事態を想定して、複数の評価者の関係について「注意しなければならないことは、2次より上の評定者は、被評定者の一部または側面しか見ていないのが通例であるから、1次評定者の結果を尊重することが肝要である」と注意している[12]。

　しかし実態は、形骸化している。上記のように普段接触の少ない部下をどのようにして評価するのかを、別の組織ではあるが、役員をしている人に聞いてみた。すると彼は、「私がする評価の下書きは直属の上司が書いてきてくれる」ということであった。ついで「その直属の上司がする評価は誰が書きますか」と聞くと、その役員は「二つ書くんじゃないの」とこともなげに言った。もしこういうことが多くの組織で行われているとすれ

ば、複数の評価者による多面的評価は、実際には行われていないことになる。しかし、その役員は筆者のこの指摘に対して「私は、東京で各地から上がってくる評価を大局から評価し直しているのだ」という返事であった。

そこで別の組織の部長に「同じ被評価者についての評価を上司に代わってすることがあるかどうか」と質問した。彼は「わが社のような大企業では普通にやっている。わたしは係長、課長の9人分の評価を担当役員に代わってしています。自分のする評価とあまり違わないようにしながら、少しだけ威厳のある表現に変えます」と答えた。彼は、自分の評価を担当役員の評価としているのだ。

しかし、上司が部下を評価する場合、上司の上司が被評価者をどう評価するかを考え、どちらにした方が上司の意向にかなうかを判断基準とすることもある。特に上司の評価を代わって行うような場合、それが下書きであっても上司の意向を強く意識せざるをえない。

評価者は、自分の立場を守るために、自己にとって有利、少なくとも不利にならないように部下を評価する。つまり彼の上司の部下評価を推測して、それに合わせた評価をしておくことが無難である、と考えがちである。

組織という階層構造のなかでは、上記のように上司の評価に合わせようとするのはやむをえないことである。したがって、複数評価の実態は1人の上司による人事評価となり、複数者による公正なものとはかならずしもいえない。

評価者の心理

評価者は他人を評価しながら、自分の評価者としての能力を問われているということを意識している。たしかに、他人の評価を好き嫌いによって恣意的に行う評価者は評価能力がない、と判断されるであろう。しかし一方で、その評価者の被評価者に対する評価が正しかったとしても、その評価が被評価者のこれまでの評価と大きく異なれば、そのときにも評価能力がないと判定されがちである。したがって、上司は部下の評価をする場合に、その部下の過去の評価を参考にする。

同じ時期に組織に入った組織成員はある期間がすぎると、人事評価によって選抜が始まり、第一選抜、第二選抜というようにグループ化されていく。組織の誰からもはっきりといわれるわけではないけれども、組織成員は次第に自分がどのグループにいるかが分かるようになる。上司もそれを察して評価するようになる。これがその人の組織における「相場」である。
　こうした上司の意識は、一面で評価の偏りを防ぐという意義があるけれども、他面で過去の評価に影響されるということでもある。
　そのために、部下の職務が以前の職務と変わっており、新しい職務の評価を公正にすれば、これまでの評価とは大きく違う場合でも、自分の評価能力に対する疑いを避けるために少しの違いにとどめるか、これまでどおりに無難にその部下の「相場」に合わせておこうとしがちである。いわゆる評価の固定化である。
　能力があれば、能力ありと、成績が良ければ、成績良しと、評価される"はずだ"と考えるのは誤りである。評価者は評価にあたって上司の意向や被評価者の現在や過去、さらに自分の損得などを考えて、いわゆる総合的に考えて評価を行っていると考えるのが現実を正しく表わしている。公正な"はずだ"は推測にしか過ぎないのである。

減点主義になりやすい評価者

　職能資格制度における人事評価に、減点主義が組み込まれているわけではない。しかし、評価の過程で入り込んでくる。
　評価者は、自分に悪い影響があった、たとえば、被評価者の失敗をカバーするために自分が直接交渉に出なければならなかったことの方を、被評価者がうまくやってくれたことより鮮明に記憶している。評価者は、部下の管理者として部下の失敗の責任をとらされる場合があるので、部下の成功より失敗に関心を向けざるを得ない。このために評価期間において被評価者の成功が5、失敗が5と同数であれば、評価者はこの期間中彼は失敗ばかりしていたように感じる。成功6、失敗4で同程度、成功7、失敗3で、かなりよくやったと考える。こうして評価は、失敗を重視する減点主義に

なりやすい。

　そのうえ、少数の失敗だけを評価される場合すらある。これも通常減点主義というが、減点主義というより、受難や不運というのがふさわしい場合すらある。たいていの組織成員はあの時、あの上司に不当に低い評価をされたのではないかと後で思い当たることがある。

　ある管理者は、人事部員から「あなたは○○さんにひどい評価をされています。気の毒だけれども今となってはとりかえしがつきません」という、なぐさめとも、あきらめるように、ともとれる言葉をかけられたと話している。

　評価者の心理として、これまで散々評価者に振り回されてきた。やっと評価者になったからには、自分がされたように部下を人事評価によって自由に操りたいという気持になりやすい。もちろん、逆にやられたからやらないという人もいるけれども、前者の方が多いであろう。

ジョブ・ローテーションのなかでの評価

　日本の組織のように評価者も被評価者も頻繁に変わる制度のもとでは、1人の評価者に評価される回数はせいぜい2〜3回である。10年間の間には少なくとも3人、多ければ5人の異なった評価者の評価を受ける。したがって、評価者と被評価者との相性や運不運、評価される職務の偶然性は平均化される。その結果、日本の人事評価制度はかなり公正な評価であり、人事評価の信憑性を疑うのは"負け犬"のいうことだといった意見がある。

　現在のようにお互いにジョブ・ローテーションで異動していく制度のなかでの部下評価についてある銀行を例にとって考えてみよう。その銀行の支店では、一般行員の人事評価は、支店長、課長が行い、課長の人事評価は支店長、次長が、次長を評価するのは支店長である。その銀行では、こうしたポストにいる人たちの一支店在任期間は、2〜3年程度である。例として表2-4のように想定してみよう。

　こうした人たちの組合せの状態で、97年12月に人事評価が行われたとする。A支店長は、着任後2ヶ月しか経っていないのでD、C、Bの1年間

表2-4　支店構成員のローテーション

	着任時期	離任時期
A支店長（全般）	97.10. 1	99. 7.31
B次長（融資担当）	96. 4. 1	98. 3.31
C課長（融資担当）	96. 2. 1	98. 7.31
D　　（融資担当）	95. 6. 1	98. 5.31

を評価対象とする人事評価ができない。しかし、その銀行ではこの場合でも支店長が前任者と連絡をとって評価する規定となっている。この状況でA支店長は、部下であるD、C課長、B次長をどのように評価するのだろうか。まずDの評価。Dの能力や成果を最もよく知っているのは、同じ融資担当として一緒に働いた期間が1年10ヶ月と一番長い直属上司のC課長である。次に期間、仕事の関係からB次長である。そこで、C課長がDを評価し、B次長はA支店長に代わってDを評価してA支店長に提出する。A支店長はB次長の評価をもとに、前任の支店長の評価を参考にしてDの評価を出す。つぎにC課長の評価では、B次長はC課長を評価し、A支店長は2ヶ月間のC課長についての評価と、前任支店長のC課長についての評価を参考にして評価する。B次長の評価は、前任支店長の評価を参考にして、A支店長の2ヶ月間の"感じ"、あるいは銀行内のB次長の"評判"を参考にして評価する。

　銀行ではしばしば異動があり、このように同じ支店で仕事をする期間の重なりが少ないというケースが頻繁に起こる。なかでも支店長の在任期間は、他の職位に比べて相対的に短い。したがって、事例のような状態は、前任支店長が部下を評価するときにも同じ状態があった可能性が高い。つまり"ゆきずり"のような状態のなかで評価せざるをえなくなる。したがって、"感じ"とか"評判"による評価が行われやすい。

　日経連がいくら2次評価より1次評価を重視するように注意しても、人事部が最も重視する評価は、1次より2次、2次より3次、この場合でいえば支店長の評価である。これが階層社会の習性である。こうなると、異動を繰り返す人たちの人事評価は偶然や評判がおおいに影響してしまう。

この例のように、頻繁に異動を繰り返し、共に仕事をする期間の少ない職場では、部下を公正に評価すること自体が難しい。

評価者の評価能力

評価者は、被評価者の職務に精通していなければ評価することができない。したがって、一般に部下の評価は上司がすることになっている。

そのために、部下のときに実績を上げた人が管理者に任命され、上司として部下が成果を上げられるように管理し、指示し、助言することができる。こうした管理者だからこそ部下の管理と部下への指示、助言ができ、その結果としての部下の評価が可能なのである。

ところが、これはあくまでも理想であって、管理者はかならずしも管理、指示、助言、しかも、評価の能力という基準で選抜されているわけではない。ましてや、現在の担当分野で部下よりも優れた能力を発揮したり、成果を上げていたとは限らない。場合によっては、管理者の方が、現在の担当分野については部下より詳しくないということもありうる。職務を次々に交代していく管理者は、部下よりも現在の職務に精通していないことも多い。

ジョブ・ローテーションのもとでは、その職務をほとんど知らない上司が彼のキャリア過程でたまたまついた職務で、部下を評価することすらある。したがって、評価者は、被評価者となる部下よりその職務でかならずしも有能とはいえない。

たとえ、その職務で成果を上げた経験のある管理者であったとしても、評価者として適任かどうかは分からない。管理者に求められる資質と評価者のそれは同じではない。評価者には、私心にとらわれない公正な評価ができる資質が必要である。

評価者の能力・資質に問題があるにもかかわらず、組織には、人事評価が難しいものであるという視点が欠けている。単に評価は正しいはずであるという思い込みがある。評価者自身の能力や資質によって、他人の評価が決まってくるという現実を見逃している。

実際に職務をよく知らない評価者は、被評価者の職務態度、日ごろの言動、自分への従順さといった直接評価と関係がないにもかかわらず自分にとって分かりやすいもので評価するしかない。なんといわれようとも、他にどんな評価基準もないのである。

　ピーター (1970) は、評価者について「まだ有能のレベルにある上長者であれば、部下がどれだけ有能な仕事をしているか、(中略) 自分たちが所属する階層社会が公称する政策への貢献の度合いによって有能・無能を評定するだろう。いいかえれば、各人のアウトプットを基準にして評価をくだすということだ。しかし、すでに自分自身が無能のレベルに達している上長者だと、既成の価値を尺度にして部下を評価する公算が大きい。彼にとって、有能とは規則とか慣習とか現状を維持する行動のことなのだ。即応能力、几帳面さ、上長者に対しての礼節、内部的な書類処理などが高く評価される。いいかえればインプットが評価の基準となるということだ」と指摘している。[13]

　塩野 (1999) も「平凡な資質の持主は、本能的に、自分より優れた資質の持主を避ける。自分にはない才能や資質を迎え入れることで、自分自身の立場を強化するという思考は、平凡な出来の人には無縁なのだ」と述べている。[14] こうした評価者の心理や行動を理解した上で人事評価を考えなければならない。

　それでは、現在のように人事評価は管理者ではなく、誰か他の人がすべきなのだろうか。ところが、管理者から人事評価の権限を取り上げると、部下を管理できない管理者が多く出てくる。ある企業合併を経験した管理者は、「合併後しばらくの間、旧会社の管理者が旧会社の部下だけを人事評価するということになっていました。私の部下には合併によって新しく部下となった者たちもいて、新旧の部下が一緒に仕事をしていたのですが、私が新しい部下の人事評価をしないことが分かってしまった後では、新しい部下たちは手のひらを返したように私の指示を聞かなくなりました」と、合併時の苦労を語った。合併後間もないという点を考慮しても、この話は、人事評価の部下管理に与える強い影響がうかがえる。したがって、組織に

おける管理を考えると、管理者から人事評価を分離してしまうこともできない。

公正な評価への動機とインセンティブの欠如[15]

現在の人事評価には、次の理由から評価者が公正な評価をしようという動機が少ない。（1）お互いに異動して共同して働く期間が短い。（2）従来、評価は能力主義であって、成果主義ではないので短期的には評価の結果が表面に出ない。（3）公正な評価をしても"報われない"、逆に、しなかったことに対する"おとがめ"もない。これでは動機が生まれるはずもない。動機がない以上、公正な評価をしようとするインセンティブは不可欠である。

突然話は変わるが、人間は本来利己主義者である。今回インタビューした友人がこんな話をもらした。彼がある仏教の本山の僧に墓地の供養を頼んだときのことである。「供養のお礼は、本山と墓地まで供養に来ていただく僧にすることになっている。この時のお礼の比率は、本山へのお礼はほんの少しで、僧自身へのお礼が断然多い。われわれ凡人ならいざ知らず、人格や徳を積んだ僧であってもこういう風に決まっている」。

こうしたやり方は僧侶がどうこういうことではなく、本山が決めていることである。人間というものを知り抜いた本山は、人間が本来利己主義者であると率直に認めて、僧侶にインセンティブを与えている。ましてや、修行していない普通の人たちが、利己主義者であっても何の不思議もない。何のインセンティブもないのに、公正な人事評価をするとは考えられない。

したがって、普通の管理者が、公正な評価をするには、それをしようというインセンティブが修行を積んだ僧侶よりはるかに必要である。ところが、組織は評価者に公正な評価をしようというインセンティブを与えていない。そのためか、筆者は寡聞にして公正な評価をする人たちに報いたということを知らない。

したがって、評価者には人事評価を自分に有利なように利用しよう、政治的に利用しようという動機が働く。これを批判することはたやすいが、

図2-3　人事評価の問題点

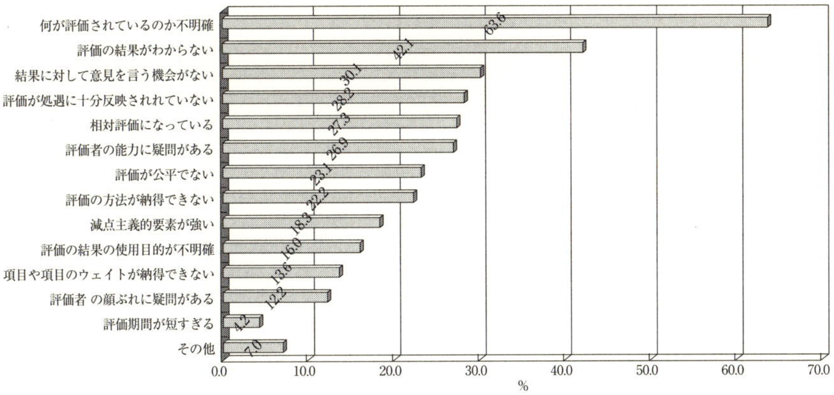

項目	%
何が評価されているのか不明確	63.6
評価の結果がわからない	42.1
結果に対して意見を言う機会がない	30.1
評価が処遇に十分反映されていない	28.2
相対評価になっている	27.3
評価者の能力に疑問がある	26.9
評価が公平でない	23.1
評価の方法が納得できない	22.2
減点主義的要素が強い	18.3
評価の結果の使用目的が不明確	16.0
項目や項目のウェイトが納得できない	13.6
評価者の顔ぶれに疑問がある	12.2
評価期間が短すぎる	4.2
その他	7.0

資料出所　労働大臣官房政策調査部編「知的創造型労働と人事管理」(1996) p 100

それは人間というものを知らないのである。この件については第4章「組織を動かす力」の「ポリティクス」で詳しく述べる。

図2-3は全産業から従業員の大きい順に抽出した1,255社の社員への人事評価の問題点についてのアンケートの結果である。複数回答であるが、「何が評価されているのか不明確」、「結果に対して意見をいう機会がない」、「評価者の能力に疑問がある」、「評価が公平でない」、「評価の方法が納得できない」、「減点主義的要素が強い」、という社員の数多い問題点の指摘は、これまで本書が述べてきたことを裏づけている。

4　評価される者の立場

評価される者は、人事評価制度の運用を行うわけではない。けれども、その運用に自己の言動を合わせようとする。したがって、その言動は、現在の人事制度の運用の問題点をもっともよく表している。

被評価者たちの演技

評価者は、被評価者をいつも評価の対象としてみているわけではない。

しかし、評価される者は、努力を公正に評価して欲しいと願っている。したがって、目にとまらない努力はしていないのと同じことになる。

　要するに、被評価者は、努力や成果を評価者に注目してもらわねばならない。被評価者は、自分の演技によって評価が左右されることを十分に認識している。しかも、成果主義といっても100パーセント能力を発揮した成果と、能力に余裕を残した成果を比べると、前者の方が高く評価される。つまり前者の態度や意欲の大きさが、同じ成果でもより高く評価させる。しかし、何が100パーセントかはよく分からないので、それには"演技"が必要となる。忙しいときには忙しい、成果が上がったときには上がったとアピールする演技である。これは"やむをえない演技"である。組織成員なら大なり小なり、上手、下手はあっても演じる。

　その上は、"意図的な演技"である。インタビューした管理者は、次のような情景を話すとともに反省をもらした。「さきほどまで椅子に座ってボーとしていた男が急に立ち上がって廊下を走っていくので、どこにいくのかと思えばトイレに入っていった。ところが彼の上司はそれを見て、『彼は忙しいんですよ』、と私に話しかけてきた。上司は見ているようで見ていないですね」。つまり、忙しくなくても廊下を走ることで彼は忙しさを上司にアピールしたのである。

　管理者もさらにその上司に評価されるので、演技をする。フェファー (1977) は、リーダーの演技について「リーダーはいくぶん演技者である。(中略) 例えばもし管理者が彼の部門のビジネスが好転すると知ったらその必要も無いのに勧告書を書き、よく目立つ行動や変化を引き受け、自分の行動をその部門と一体化する。今にも失敗が起こりそうだと感じた管理者は、その部門やその政策や決定を他の人たちと関連づけ、その部門の業績と自分とは関係ないものとする」と指摘している[16]。これらが"意図的な演技"である。

　結局組織内は、演技者でいっぱいだということになる。ついには、組織は劇場になってしまう。筆者は現状の人事評価のやり方をみていると"やむをえない演技"や、もしできるなら"意図的な演技"もしたほうがいい

と思う。

　しかし、人間は"習い性になる"可能性が高いので、演技がいつの間にか生まれながらの性質になってしまい、自分はいったい何者かが分からなくなってしまう危険がある。パッカード（1962）はこの点について、「このように演技をやっている中間管理者たちが、自分本来の姿とは異なる演技を、自分の本質を失うことなく、どのくらいの間やっていられるかについてはわからない」というコメントを付け加えている[17]。自分の本質を失ってまでやるべき演技かどうか、よく考えなければならないだろう。

　ともかく、こうした演技も能力とすると、人事評価における勝者と敗者は単に演技力の差だけということになる。このように組織のなかの能力は多様であり、勝者と敗者が能力主義によって決まるとしても、敗者は仕事の能力が劣っていると決めつけることはできない。

胡麻すりや服従

　組織のなかの行動を、定められた職能資格要件にそって決めることは難しい。たとえば、A社の5級の職能資格要件「上級者の包括的な指示に従いながら、自らの判断と工夫を加えて、職務の計画、調整、折衝を行い、担当職務範囲内の比較的困難な職務を、単独で、もしくは下位等級者を指導しながら行うことができる」で考えてみよう（第1章表1-2参照）。上級者の指示に従いながら、自らの判断を加えるとは、どの程度自分の判断を加えるべきか、独断といわれないか、判断を加えたときそれを上司に報告すべきか、報告すれば自主性がないと思われるのではないか。比較的困難な仕事とは実際にどんな仕事か、それを単独でやるのがいいのか、それとも下位等級者を指導して行うのがいいのか、またそれを上級者に逐一報告したほうがいいのか、しない方がいいのか、判断に迷うことは多い。この職能資格要件にもとづいている人事評価基準も、当然あいまいである。そこで、良い評価を得るには、職能資格要件の解釈で悩んだり、あいまいな評価基準を気にしたりするよりも、いっそ評価者である上司への"胡麻すり"やさらには上司に全面的に従うという意味での"服従"の方が迷う

ことが少ない。したがって、部下は上司に、その上司はまたその上司にというように"胡麻すり"や"服従"が組織全体をおおってしまうのもやむをえない。

サラリーマン社会の出世観の歪みについて、高杉（1998）の「役員にするかどうかなんて能力じゃなくて、上の人の好き嫌いで決定されるんですから、言ってみれば社長クラスに昇りつめる人には胡麻すりしかいないんです」という指摘が真実味をおびてくる。[18]

評価へのこだわり

こうした評価制度と評価者のなかで組織成員は、人事評価になぜあくまでこだわるのだろう。子どものころならいざしらず、社会人になってからまでそんなに褒められたいのだろうか。

人間には多くの欲求がある。マズロー（1954）は、人間の欲求は生理的欲求、安全の欲求、所属と愛情の欲求、承認の欲求、自己実現の欲求という五つの欲求からなり、さらにそれがこの順で階層をなしているという。

自分の能力、成果に社会的認知や尊敬を得たいという承認の欲求はマズローの欲求5段階の4段階目である。最上位とされる自己実現の欲求が、「人間は自分のなりうるものにならなければならない」[19]というものであり、かならずしも組織は自己実現に必要でないのに対して（たとえば趣味でもまた組織では役立たないものでも構わない）、承認の欲求の充足には、それが広く社会的に認められるようなものである場合を除いて、自分を認めてくれる人の集団、さらには組織が不可欠である。したがって承認の欲求は、組織において満たそうとする欲求のなかでは最上位の欲求になる。

カーネギー（1936）は、世界的な大ベストセラー『人を動かす』で他人を動かすためには、他人の自尊心を大切にすることを説いている。そして、「人を動かす秘訣は、この世にただ一つしかない。（中略）人を動かすには、相手の欲しているものを与えるのが、唯一の方法である。（中略）人間はなにを欲するか。（中略）めったに満たされることのない欲求、自己の重要感、自尊心への欲求である」といっている。[20]

組織成員にとって、人事評価は組織からの身近な評価であり、その評価が日常において承認の欲求を満たすものである。なかでも、昇格と昇進は、組織成員にとって組織からの最大の承認である。組織成員が昇格や昇進、それらを決定する人事評価に異常なほど関心をもつのはそのためである。

5　人事評価における強いられた協調性・強いられた競争

組織における協調性の構図

　日本の組織に特徴的な情意評価はどの等級でも行われるが、その相対的な比率は下がっていく。表2-2はA社1～3級の昇給時と8～9級の昇給・昇格時における成績評価、情意評価、能力評価の評価ウェイトを示している。下位の等級は情意評価、特に協調性が高い比率を占める。協調性の有無の程度が評価され、協調性のない者は低い評価となり次第に昇給で差がつく。

　一方、課長・次長・部長の上位等級の人たちを評価する際には、すでに協調性についての評価はほぼ終わっていると考えられている。上位等級の人たちに協調性があるかどうかは別にして、協調性はすでに身についたものとして判断している。つまり、組織階層を上がっていって、上位の資格になると協調性が不要だと考えているわけではないけれども、協調性の人事評価における評価ウェイトは下がっていく。組織内で協調性が要求される割には上位等級への昇格における重要度は高くない（表1-1参照）。

　したがって、組織階層の上位になればなるほど、協調性を無視する結果になりやすい。上位資格になるほど成績が重視されるばかりでなく、協調性と成績との関係は断ち切られる。要するに、成績さえ上げれば協調性を問われなくなる。これには協調性のある者が昇格、昇進によって組織階層を上がってきたのだ、したがって、上位等級にはもはや協調性を評価する必要はないというタテマエがある。実際には、協調性では"飯は食えない"というのがホンネであろう。その結果、上位等級の組織成員は、人事評価において自分自身についてはタテマエとなってしまった協調性を部下に対

しては求めるという構図になっている。それぞれの組織によって、協調性の意義は多少異なるであろうが（表2-1参照）、協調性を求める者は協調しないで、部下に協調を強いることにほかならない。

強いられた協調と強いられた競争の並立

人事評価を重ねることによって組織成員の間に評価ランクにもとづくグループができ始める。しかし、先行グループと遅いグループが次第にはっきりしてくることにより、後者のグループは、次第に自分たちの立場を納得して（あるいはあきらめて）、先行グループとの競争を止める。その際に、遅いグループであるにもかかわらず先行グループを出し抜く、つまり「出る杭となる」ことが組織の協調性を乱す者としてとがめられる。さらに、先行グループのなかでも次第に昇進、昇格に差がついてくるにしたがって、上位者といつまでも競争しないで上位グループに協調するように要求される。これは遅いグループ内でも同様である。結局、日本の組織成員が協調的といわれる状態は、昇格・昇進によって差がつき、グループがはっきりした時点で、上位グループといつまでも競争をしないで上位グループの人たち、つまり彼らの管理者になっている人たちを仕事の面で助ける、命令に従う、という態度をとることをいう。

しかし、同じグループのなかでは差がつくまで依然として競争は続くけれども、結果が出た後まで上位のグループへの協調に支障をきたすような競争をすることは、組織の秩序を乱すことである。上位グループに復帰したいために目立つ、いわゆる「出る杭」になろうとすることは打たれる、つまり組織人として常識がないと評価される。要するに、日本の組織は、昇進・昇格の同一グループ内の競争が続く一方で、異なるグループ間の競争を制限して「人の和を大事にしている」のである。競争制限とは全面競争を避け、グループ内の競争に制限することである。敗者も組織に残る以上、彼らを長期的に活性化させるには、たとえ下位グループに格付けされたとしても、なおそのグループ内では競争が行われるようになっている。

下位グループに対して、上位グループに協調を、一方同一グループ内で

は競争という並立はグループの扱いをうまくやらなければ、下位グループが上位グループに協調しない事態も起こりうる。下位グループが団結して上位グループに対抗することも起こりうるからである。そこで、こういう事態を避けるために下位グループのなかからごく少数だけ上位グループに引き上げる、いわゆる敗者復活が行われる。この該当者はごく少数であっても、下位グループの仲間のなかから出るということになれば、グループで団結して上位グループに対抗するより、上位グループに協調して引き上げられるようになりたいという心理から下位グループの団結はくずれる。

　国家公務員における1種と1種以外の人たちの関係が、このことを象徴的に表してしている。1種のエリートに協調した1種以外の人たちが、1種のエリートを超えない範囲で、それなりの処遇を受けていることをみれば、明らかにこうした処置が取られている。

　さらに、誰が自分と同じグループかどうかは人事部では分かっていても、個々の組織成員には細かく分けられたグループのなかで誰が同じ評価グループかはっきりとは分からないようにしているという事情もある。したがって、共同して上位グループに対抗することは難しく、さらに共同しようとしても、そうした行動とは関係なく異動によって職場が変わる。結局、上位グループには協調を、同一グループ内では競争という並立の構図がいつまでも変わることはない。こうした桎梏から開放されるには、出向ではまだ無理で、転職、早期退職、定年退職で完全に組織の統制から離れるしかない。

　昇進・昇格に遅れた組織成員のことを敗者と呼び、その人たちが早く昇進・昇格した人たち（さすがに勝者という言葉は使われないが、敗者に対する言葉は勝者である）に並ぶことを敗者復活という。敗者にはいかにも負けた、失敗した、能力的に劣るという意味があるが、この正しい意味は、人事評価が低かったということである。あくまでも敗者というなら、人事評価における敗者である。しかも、人事評価は原則として能力によって評価されるが、かならずしもそれだけではない。したがって、人事評価の低いことが敗者という事実を表すものではない。これまで述べてきた人事評価

の実態を理解すれば、昇進や昇格の遅れた組織成員を敗者と呼ぶことがいかに理不尽であるかを理解していただけるであろう。

こうして競争の勝者になった人は、勝者の正当性を主張するために意識的にも無意識的にも、競争を必要以上に強調しがちである。

その証拠に経済界の著名なリーダーのなかには、企業のなかの勝者として競争を推奨する人が多い。したがって、彼らの競争に関する認識は割り引いて考えなければならない。

歴史が勝者によって勝者に都合のいいように書かれるように、組織も勝者によって語られる。組織における競争もその例にもれない。歴史は敗者の視点を無視してはならないように、組織における競争も、いわゆる敗者の視点から考えなければならない。

1) これを卒業方式といい、上位の資格の基準を満たしていなければ昇格しないやり方を入学方式という。
2) 目標管理制度；評価期間中の目標をたて、その達成度を評価するための制度。
3) 岩田（1982）p 174～175。
4) 澤野（2001）p 106。
5) Maslow（1954）邦訳 p 89～101。
6) Weber（1956）邦訳 p 28。
7) 『日本経済新聞』2000.6.18.朝刊。
8) 集団的能力主義；組織成員全体の能力の総和を最大にしようというやり方。
9) 遠藤（1995）p 131。
10) 『日本経済新聞』1999.1.26.朝刊。
11) 小池（1981）p 27～31。
12) 日経連（1969）p 433。
13) Peter（1970）邦訳 p 47-48。
14) 塩野（1999）p 35。
15) 動機；自ら萌え出るやる気。インセンティブ；外部から働きかけられて出るやる気。
16) Pfeffer（1977）p110。

17) Packard（1962）p 181。
18) 高杉（1998）p 177。
19) Maslow（1954）邦訳 p 101。
20) Carnegie（1936）p 19〜20。

第3章　日本の組織における能力主義・成果主義

　第1章の職能資格制度で述べたように、職能資格制度は、各組織それぞれの基準による能力の評価で、しかもその能力は主に潜在能力を評価対象にしているという問題点があるものの、日本の組織は能力主義である。

　ところが、すでに能力主義であったにもかかわらず、今後の人事制度の傾向をいう場合に能力主義・成果主義と並べて表記することが多いので、本書もこれに従う。

　しかし、このように併記される能力主義は従来の能力主義とは異なるはずである。能力主義・成果主義と併記されている能力主義は、成果主義が明らかに顕在能力の結果を意味しているように顕在能力を対象としている。もしこの能力主義が、従来のように潜在能力を意味しているならば、この併記は潜在能力も顕在能力も必要だということになり、現在と変わらないことになる。

　つまり、能力主義・成果主義という併記は、これまでの能力主義は潜在能力によるものであったけれども、これからは、成果につながる顕在能力を評価するのだという意思表示である。

　したがって、本章の"能力"は特にことわらないかぎり顕在能力を意味している。なお、成果主義を業績主義ともいうが、業績主義は、組織全体の業績と連動する場合にも使われるので、個人の成果を評価するという意味で、本書では成果主義で統一する。

　本章の目的は、能力主義・成果主義を考察するとともに、能力主義・成果主義を協調と競争の視点から検討することである。

1　日本の組織と能力

能力は切り札か

　第二次大戦直後、日本電気産業労働組合協議会の要求により協定した有名な電産型賃金は、一般に生活給の典型として理解されているけれども、電産型賃金は、総合決定給から能力給への変化をつげるものであった[1]。電産型賃金において、能力給を労働組合が要求して、経営者側がこれを受け入れた。これに対して、現在は、職能資格制度が年功的な運用に陥ってきたために、経営者側が能力給的な運用を組織成員に求め、労働組合がこれを受け入れている。この違いはあるものの、日本の組織においては人事・賃金制度の変革というと、能力という要因が持ち出される。しかしながら、その際に評価すべき能力は何かということは、ついぞ経営者側も労働組合も明らかにせず、なし崩し的に実施してしまうという共通点がある。電産型賃金において労働組合は、能力給の要求をしながら肝心の能力とは何かをあいまいにしたままで、経営者側の提案を受け入れた。この経緯については遠藤（1999）に詳しい[2]。

　現在の職能資格制度を見直して、あるいは職能資格制度のなかで能力をこれまで以上に重点評価しようとするなかで、経営者側から出された能力評価重視に対して、労働組合はせいぜい経営者側の評価項目に修正を要求するか、能力給部分の縮小を要求するばかりで、労働組合から働く者の能力とは何かという明確な提言はない。それでいて労働組合は、能力主義が世の中の大勢であるというスタンスをとっている。

　人事制度を変えようとするとかならず能力を持ち出す。日本の組織では、能力は制度改革の切り札のように考えられている。もし能力について労使双方が納得できる形で明確に規定できるなら、その能力は社会的に認められた能力であり、その規定にもとづく能力の評価は、社会的な評価である。しかし、実際には能力とは何か、どのような項目によって評価するのかという社会的合意はない。ただそれぞれの組織管理者が、自己の組織運営に必要な能力を能力と決めているだけである。したがって、それが本当に社

会的に認められた能力なのかは確かではない。単に、自己の組織で必要だと思っている能力であり、しかも組織と組織成員の間に合意もなく、ましてや社会的に合意された能力でもないにもかかわらず、いかにも公明正大で普遍的な能力であるかのごときイメージが流布しているのが、昨今の能力主義である。

人的資源管理論

　たいていの組織成員は、「組織は、私の能力を十分に活用しているのだろうか」あるいは「私は、組織のなかで能力を十分発揮しているのだろうか」と考えるであろう。自分自身を客観的に見るのは難しいとしても、"人"は、貴重な資源であるといわれるわりには、組織のなかには能力がありながら活用されていない人たちや、自ら活用しようとしない人たちを見かける。

　人的資源管理論は、現代の組織では組織成員の能力が全面的に活用されているとは限らず、その意味で、組織には未使用の人的資源の余剰蓄積（reservoirs of untapped human resources）が存在することに注目する[3]。

　人的資源管理論と人事労務管理との違いについて、奥林（1999）は、労働組合の人事労務施策への影響力の低下により、人事労務管理政策や制度の変更に対する経営側のイニシアティブが相対的に高まり始めてから、これまでの人事労務管理を人的資源管理と呼び始めたという[4]。

　ということは、人的資源管理論は、人を貴重な資源としてみるといっても、あくまで組織からみた人的資源であって、資源を保有する組織成員からみた人的資源ではない。組織成員という人的資源を組織のために有効に使おうという考えであり、組織成員という資源を尊重しようというのではない。

　本書は、人的資源としての組織成員を組織の側から十分に使い切ろうという視点ではなく、組織成員の側からそのもっている能力をはつらつと、思い切り使って能力を伸ばす、組織成員の立場から自分の資源を活用する、という視点でとらえる。

2 能力主義・成果主義への基本的疑問

社会の装置としての組織

　最近、能力主義・成果主義を採用する組織が多くなっている。組織がその能力主義・成果主義の内容の公表を新聞に依頼するかどうかは分からないけれども、新聞は、成果が上がった者と、成果が上がらなかった者との差がどれくらい大きいか、この差の大きさがあたかも能力主義・成果主義の徹底度を示すようにセンセーショナルに報じている。

　しかし、こうした動きを社会全体という視点から考えてみるとどうなるだろうか。社会には、いろいろな水準の顕在能力の人たちがいる。当然社会のサブシステムである組織においても同様である。ある組織は、社会の能力構成の比率を大きく上回って能力のある人たちを多く集めたものもあるだろう。しかし、社会全体でみれば、多くの組織はおしなべてその社会の能力構成に近い比率の構成になっているはずである。世界的に厳しい競争時代にあって、世界各国は国民の能力水準を高めようと教育に力をそそいでいる。その結果、教育によって教育水準が上がったとしても、社会全体の能力構成が上方にシフトするだけで、能力の相対的構成比率は依然として変わらないだろう。

　要するに、社会や組織はいろいろな能力の人たちで構成され続けるわけで、社会はそれを前提として営まれなければならない。したがって、その社会システムのなかにあるサブシステムとしての組織が、能力ある者だけ、成果を上げる者だけで構成されるはずもなく、能力が劣る者、成果が少ない者も受け入れてやって行かなければならない。組織において、能力ある者だけ、成果を上げる者だけで行う運営を考えているとすれば、組織はその社会に存在する装置であり続けることはできない。競争のなかにいると、つい能力のある者だけで運営すればもっとうまくいくと考えがちである。しかし、組織もひとつの社会のなかにある以上、それは"ないものねだり"だといえよう。

　これを原田は次のようにいう。「比較優位の原理とは、各国はおのおの

自国内で生産費が相対的に低いモノの生産・輸出に特化し、他のモノは他国から輸入するのがすべての国にとって利益があるという原則である。（中略）すべてにまさるスーパーサラリーマンがすべての仕事をするよりも、スーパーサラリーマン氏は、その得意な分野に特化した方が効率的であることは間違いない。能力が分散されずに最大限発揮できるからだ。その結果、平凡サラリーマン氏の出番が回ってくる。こうした分業がスーパーサラリーマン氏のみならず平凡サラリーマン氏、ひいては会社全体にとって利益になる。（中略）間違ったことを声高に主張する人は多いが、当たり前のことを力強く主張する人は少ない」[5]。社会のなかに存在を許される組織は、社会の全構成員の能力を活用し、成果を上げる装置であることを忘れてはならない。

能力の三層構造

しかも、能力に不要なものはない。組織においては、組織の上層にいけばいくほど優れた能力をもっている人たちがいるとされている（それが能力主義なのだが）。しかし、組織のなかの能力に優劣をつけることはできない。技術に関して関（1993）は、「技術には基盤的技術、中間技術、特殊技術があり、三角形の構造になっている。一番底辺を占める『基盤的技術』は（中略）いわば３Ｋ職種的色合いの濃い加工技術、『特殊技術』はいわばハイテクといわれる部門、間に挟まれた『中間技術』とは、『基盤的技術』と『特殊技術』をつなぐものである。（中略）一つの製品を作り上げていくにあたって、『基盤的技術』『中間技術』『特殊技術』の三層の構造が不可欠であり、それらがバランス良く積み重なっていることが望まれる。また、三角形の高さは、全体の技術レベルの高さを表し、幅の広さは、技術集積の厚みを表していると考えてよい。そして、日本は近代工業化百年の歩みのなかで、バランスのとれた『富士山型』の『技術の集積構造』を形成することに成功したのである」[6]という。

関の技術についての説明と同様に、組織の階層は、実務層、管理層、経営層の三層となっており、この三層を能力構造でいえば「実務能力」「管

理能力」「経営能力」である。組織運営においてもこれらの三層のそれぞれの能力は不可欠であり、それら各層の能力がバランス良く積み重なってしかも高く、広いことが必要である。どの能力が優れているとか、どの能力は不要だというものではなく、どの能力も組織運営上必要である。

したがって、直接的な目にみえる成果のみを追求する能力主義・成果主義は、組織にとって決して好ましいものではない。

これまでの能力主義とその問題点

職能資格制度は、年功的にも能力的にも運用することができる。しかし能力的に運用した場合でもその差はわずかであった。それが年功的運用であるという批判をまねいた。けれども、そのわずかの差が将来に大きな差になると組織成員が意識していた時期には、わずかの差が能力主義的運用としての効果があった。職能資格制度は、ある意味で成果を後払いする能力主義だった。

たしかに、能力差に比べて表面上はわずかの差しかないけれども、そのわずかの差は将来において大きな差になるというシグナルであり、現実に昇進、出向、役員昇進、勤続期間等を考えると、その組織における生涯収入はきわめて大きな差になることを、組織成員は知っていたのである。ある組織の定年退職者は、彼が40年前に入社したとき先輩から「今の100円の差は将来の100万円の差になると思え」と、アドバイスされたことを覚えており、「いまさらながらそれを実感している」と筆者に告げた。すなわち、外部の者からみれば小さな差であっても、組織のなかでは大きな差になると認識していたということである。一般の論評と異なり、このわずかの差のために組織成員は人事評価を競うのであり、それゆえ、日本の職能資格制度はわずかの差で動機づけをするように仕組まれた巧妙な制度である。したがって、職能資格制度の問題点は、能力主義か年功主義かというところにはない。

まず、組織の側にとって、現在の能力主義の問題点は、職能資格制度において高い資格になり、高い賃金をもらいながら、組織成員がそれにふさ

わしい能力を発揮していないことである。これには四つの要因が考えられる。

①職能資格制度における昇格において職能資格要件を満たさない人たちを昇格させた（たとえば年功的運用、評価ミス）。
②各等級の職能資格要件を満たしていても、実際の職務遂行に活かせない。
③職務内容が変化して、職能資格要件と合わなくなった。
④職務遂行能力があるにもかかわらず、それを活かす職務がない。

上記の四つの要因のどれが原因か、あるいは複数の要因がからんでいるかは組織によって違うけれども、現在、職能資格制度における能力主義は、成果に結びつかないというわけで、多くの組織で顕在能力の評価、すなわち能力主義・成果主義への転換が進んでいる。

顕在能力は潜在能力に比べて、成果として見えるだけに評価しやすい。しかし、一方で成果とその要因としての能力の評価は、組織にとってかならずしも容易ではない。

3　組織にとっての能力・成果判定の問題点

秘訣が通用

人事評価は、年に1～2回行われる。この人事評価は評価対象期間中を振り返って評価する。このやり方は、野球選手のように一試合ごとの記録にもとづかないで、シーズン・オフにシーズン中の試合をあんなヒットを打った、こんな三振もしたと思い出しながら、強い印象をたよりに"エイヤッ"と評価しているのと同じである。実際の野球選手の評価は、こんないいかげんなやり方ではない。毎年年俸が前年の貢献によって大きく変わる野球選手の評価には、たくさんの評価項目がある。球団によっては200項目もあるという。もっとも、評価項目が多いからといって公正な評価が行われているとはいい切れない。なぜなら、シーズン中をまとめて評価すると、後半の試合の印象が強くなり、公平な評価にはならないからである。

組織のなかの評価者は、第2章で、巨人軍の川上監督が試合終了後に必ず開く"査定会議"について述べたように、組織成員の評価について会議を開いてまで真剣に公正に評価しているだろうか。こうした会議、あるいはそれらしきもののない人事評価を、公正なものといえるだろうか。

　実際に、組織の評価者は、これほど人事評価にエネルギーを使っているだろうか。筆者は、忙しい管理者たちが部下の評価のために毎日とはいわないまでも、定期的に集まって部下の仕事ぶりを評価しているということをあまり知らない。通常、評価時期に1年間あるいは6ヶ月という期間をまとめて1人で評価する。したがって、最近の成果や行動を強く意識しやすくなる。そのために、こうした印象の歪みを利用する人がいる。

　今回インタビューした人のなかに、たった1人ではあるが人事評価に絶対の自信があるという人がいた。彼は、どんなときでも高い評価を受ける自信があるという。たいていの人は、どのように人事評価されるか不安になる。不安といえば、だれでも試験の結果を心配する。しかし試験であれば、100点から0点までの広い範囲で心配することはない。ところが、人事評価にはこうした振幅がおおいにありうる。なぜなら、職務のどの部分、どの時期を評価されるかによって、どのような評価にもなるからである。

　ところが、彼によるとかならず高く評価される秘訣があるという。たしかに、彼は早く昇進している。残念ながら、彼はその秘訣を教えてくれなかった。しかし、彼の口ぶりからいくらかは推測できた。彼は、仕事の成果を評価期間の終わりごろに集中する。しかも、彼はその成果を目立つように脚色もすれば演技もする。さらに、評価の時期には特に慎重に行動して失敗しないようにする、といったことらしい。

　もちろん、それ以外の秘訣があるであろう。ともかく、人事評価には秘訣が通用するということである。彼はこうした行動を臆面もなく実行する。他人の思惑など眼中にないようである。彼には羞恥心がないように見える。けれども、こうしたことができることこそが彼の能力なのかもしれない。管理者は、評価以外の仕事に忙しいこともあるが、第2章で述べたように評価者に公正な人事評価をしようというインセンティブがないので、この

ような秘訣が簡単に通用してしまうのかもしれない。余談ながら、このインタビューした人は、最近本部長に昇進した。組織は、まんまとだまされたのかもしれない。

普通の人を過大評価

　成果が上がったとき、それが能力によるものだと考えてしまうと、たまたま成果を上げたにすぎない普通の人の能力を過大に評価する危険がある。1995年英国の名門投資銀行ベアリングズを倒産に追い込んだニック・リーソンは、その典型である。彼は、1989年トレーダーの職を得てから倒産する前年1994年まで、年間数億円の利益を上げ、経営トップは彼をわが社の天才トレーダーとまでいっていた。彼は、その評価に押しつぶされたのである。『日本経済新聞』は、「ごく普通の社員が組織の中で脚光を浴びるようになると、会社は花形社員として過剰な期待をかけ、常に成功を要求し、追い込んでいく。それは何もトレーダーに限ったことではない。（中略）エースだから、天才だからと百戦百勝を求め続けた会社。その期待にこたえるために、不正な道に足を踏み入れてしまった普通の社員。それがこの事件の見逃せない側面だ」と報じている[7]。こうした事例は日本の組織でも、大和銀行ニューヨーク支店等数多く発生している。犯罪者の肩を持つわけではないが、彼らは、組織による能力・成果評価の犠牲者だといえなくもない。

　次に、組織成員の側から成果と能力評価の問題点を考えてみよう。

4　組織成員にとっての能力・成果評価のジレンマ

能力も状況次第

　顕在能力はその名の通りに解釈すると、能力があればそれを高く評価されそうである。しかし、ことはそう簡単ではない。オリンピック代表のサッカーチームの代表選手選考について「監督は、自らのビジョンに基づいてチーム作りを進める。そして、自らの求める戦術に相応しい選手を選ん

でチームをつくる。優れた選手を11人集めるオールスターではないのである。そして、能力が同じレベルの選手が2人いれば、どちらが選手に選ばれるかは最終的には監督の好みにかかっている。それは、監督の権利である[8]」という指摘がある。

　言い換えれば、監督の戦術に合わない選手は、いかに技術的に優れていても代表選手にはなれない。すなわち、状況に合致していることがその技術を評価されることである。つまり、同じ能力もその状況によって高く評価されることもあれば、評価されない場合もあるということを意味している。したがって、能力がある、能力がない、といわれても、その状況においての評価である。結論として、能力があるといわれても、それはどんな場合にも能力があるというのではなく、その状況において能力があるということにすぎず、逆に状況に合致しなければ能力は評価されない。

　状況に合う能力の重要性について、平尾（1998）はラグビー監督の立場から、つぎのように話している。「個人の数値（筆者注；能力の数値）がいくら高くても、なかには足を引っ張る選手もいるし、ほかの選手の長所を吸収してしまうような選手もいる。それとは反対に、個人のもっている数値は低いけれど、その選手が入ることによってチームがうまく機能し、いい結果を出せるという選手もいる[9]」。要するに、どんな能力がチームに役立つかは、チームの状況によるという。

　スポーツ選手の技能評価を、組織成員の成果や能力評価とすべて同一視することはできないけれども、チームで行うスポーツは、組織と同様にチームと個人の関係で成り立っているという観点からすれば、これら二つの指摘は、組織成員の成果や能力評価に適用できる。しかし、こうした考え方は、組織成員の立場になると自分の能力や成果を評価してもらう状況は選べないという不都合が生じる。

能力も多様

　能力には"自分で職務を遂行実行する能力"ばかりでなく、さらに、組織のなかには、どのような仕事でも組織成員の能力をまとめてそつなくこ

なすゼネラリストの能力もある。たとえば、"職務を行う人たちを支援する能力""全員の協調を引き出す能力""黙って担がれる能力"極端な場合は"部下の邪魔をしない能力"も能力である。能力といっても多様である。こうした能力でも、成果さえ出せば能力があることになる。組織成員としては、いったいどんな能力をつければいいのか迷うことになる。

能力を決める情報の差

　日本の組織では、情報は組織の上層部に行くほど豊富となる。組織の下位の者たちがもっている情報は、上司へ連絡することが義務となっているからである。A社の人事評価表でも1～5級までは報告・連絡を成績評価の項目として評価している。しかし逆方向、上司から部下への情報伝達は上司の任意である。A社でも6～9級になると報告・連絡を評価項目に入れていない。したがって、上司のもっている情報量は多いばかりでなく、しかも多くの部下からの情報を統合できるために上司の情報は質的にも高くなる[10]。その情報を上司は、故意に部下に伝えないこともできる。

　この上司と部下の情報の差、また上司から情報を得られる部下とそうでない部下の差が、能力発揮とその成果におおいに影響する。重要情報にもとづいて行う職務遂行の結果は、それらの情報を知らないで行う職務遂行より好結果となりやすい。たとえば、業務目標の変更をいち早く知っている組織成員と知らない成員では、前者がそれに従った対策が取れるため、結果として成果が上がるのに対して、後者は対策が遅れて成果が上がらない。その結果、前者は後者よりあたかも能力があるように見えるので、能力ありと評価される。

　また、その情報差は、組織の内部情報の入手手段をもっているかどうかによることが多い。組織内にある派閥は、こうした情報を仲間内だけで流しあう。このように一見能力差にみえるものも、情報の量と質にもとづくことも多い。

　水谷（1999）は、「官僚が所管事項について詳しいのは、必要な情報が『権力と国家の金によって、そのポストに集まる仕組みになっている結果

にほかならないのであって、別にそのご当人がえらいせいでもなんでもない。だれでもそのポストにすわりさえすれば、居ながらにし、そういった情報や資料を独占でき、そのままひとかどの権威者になれる理くつである』」という元大蔵官僚の言葉を披露している[11]。

このようにいわれると、高級官僚のあの怜悧とも見える能力は、情報の差にしかすぎないのかと思う。しかし、情報によるものだということを知ってもなお、彼らの能力が私たちとの情報差によるものだと思えないほど情報と能力は区別がつきにくい。それだけに、組織成員は能力や成果などという前に、情報を得られるような立場をつくる方が先だと思ってしまう。

地位が人をつくる

ある組織の管理者は、地位が成員の能力に及ぼす影響力について「私はある支店にいるとき2名の課長昇進を人事部に推薦した。ところが、人事部から1名にしてくれといってきた。2名は甲乙つけがたかったので、私はさんざん迷ったあげく1名を落とし、残る1名を推薦した。そして、その人は課長になった。その後、2人の組織のなかでの評価は驚くほど違ってしまった。そのとき課長に昇進した人は、順調に昇進を重ねていき、もう1人の人とは同じ昇進を競ったとは思えないほどの差がついた。私は、こうした事実をみると課長昇進からはずした人の顔をまともに見ることができない。2人は、その時点では能力に差はなかった。たまたま地位を与えられた者と、そうでない者の差がこんなにもつくとは考えもしなかった」と話した。

にわとりが先か卵が先かのように、能力が先か地位が先かの議論になってしまうが、やはり地位についてしまえば能力は後でついてくると考えてしまいがちである。

表面的な能力の差、つまり顕在能力が違うといっても、能力そのものの相違ではなく、地位に付随する権限や情報量の違いによる場合が多い。まさに「地位は人をつくる」のである。昇進に関するこうした運・不運は、評価者に恣意がなくても生じてくる。こうした経験談を聞くと、能力主義

という言葉は必ずしも実態を表すものではなく、"きっかけ主義"といってもいいようにも思える。

もともとは能力にあまり差のなかった人たちのうちで、何かのきっかけで能力を認められると、そのささいな能力差が大きな差になっていくことを日置（1998）は、「正のフィードバックが働くジフ構造」として説明している[12]。

こういうことだと、能力を伸ばすより、まず地位を得る"きっかけ"探しに邁進したくなる。

実務能力を失う

ところで、"仕事ができる人"と、"仕事を任せれらる人"というのは一見似ているが、大きく異なる。もっと分かりやすくいえば、前者は1人で仕事ができる人のことであり、後者はその仕事を管理した、あるいはその仕事が完成するようにメンバーの能力を管理した人である。

組織階層を上がっていくにしたがって、必要とされる能力は自らの発揮する能力というより、メンバーの能力を活用する、あるいは管理統率する能力が求められる。この能力が認められるとますます「階層社会の構成員は、責任を果たしていく能力のある地位から、それができなくなる地位へと昇進させられる」のである[13]。その結果、「階層社会にあっては、その構成員はそれぞれ無能のレベルに達する傾向がある」とピーター（1970）はいう[14]。こうして組織はどんどん無能レベルの人たちをつくっていく。無能といって差し障りがあるなら、実務能力を失った人たちをつくっていくと言い換えてもよい。このピーターの法則は、管理者個人にはあてはまったとしても組織としては困らない。なぜなら管理者個人の能力が無能のレベルに達しても、管理者がメンバーの能力を引き出してくれさえすれば、組織にとってこれで十分である。管理者も、能力の評価項目の知識・技能、決断力、企画力といっても、管理統率力さえあれば、部下のそれらの能力を借りることができる（第2章表2-1参照）。管理者には部下の能力の活用、あるいは管理のために人事評価権が与えられている。この人事評価権

を有効に使えば、部下の能力を自由に駆使できる。つまり、有能な組織成員を公正に評価するというあたりまえのことさえできれば、その組織のなかにいるかぎり無能のレベルではない。

　すなわち、昇進とは他人の能力を利用できる地位につくということであり、その地位についてしまえば自分自身の能力は特に必要がない、といってしまえば言いすぎになるであろうか。アンドルー・カーネギーは謙遜して言っているのかもしれないが、「おのれよりも賢明なる人物を身辺に集むる法を心得し者ここに眠る」[15]の言葉のように優秀な人たちを使えばたいていのことはできる。

　ところが、ここに管理者が陥る落とし穴がある。管理者が組織成員の能力を使って職務をしているうちに、自分自身の実務能力が落ちてくる。ある大企業では、管理者のなかにコピーやファックスすらできない人たちもいるという。そこで、彼らを外部出向させる前に、こうした基本的な事務ができるようにしていると聞く。これは極端な例であるが、実務能力を失ってしまった管理者は少なくないのだ。

操作される成果

　日本の組織の潜在能力を重視する人事評価では、潜在能力が評価されたほどにはなかったにもかかわらず、選抜されて高い地位につくことがしばしば起こる。

　その人がそうした地位につくのは、多くの評価者から高い評価を得たからである。ところが、その人がこれまでの評価を裏切って、能力、成果共に評価に価しないということが明らかになると、人事評価に対する組織成員の納得が得られないばかりか、不信感すら醸成する。

　成果という目に見える目標をかかげている実務の世界では、潜在能力を高く評価されていても、いやむしろ高く評価されているからこそ、時には成果、すなわち顕在能力を示すことが必要となる。そこで潜在能力の存在とそれが顕在能力として発揮されているという納得を得るためにつぎのような操作が行われる。

表3-1　成果主義的賃金に対する評価

(単位　％)

事　項	回答割合
企業、労働者の両者にとってよい	43.7
企業にとってはよい	19.8
労働者にとってはよい	15.6
企業、労働者の両者にとってよくない	9.7
その他	0.7
わからない	10.6

資料出所　平成12年度版労働白書
原資料　総理府「今後の新しい働き方に関する世論調査 (1995)」

　一つは、成果の付け替えである。つまり、他人の成果をこっそりと彼の成果として振り代えることによって、他の組織成員の納得を得る。もう一つは、その人を誰がやっても成果の上がる部門や支店に異動させる。そして、その成果をもって、顕在能力ひいては潜在能力があるという証明にする。こうして、あるのかないのか分からない潜在能力が操作によってあることにされ、それが顕在能力として成果の形で発揮されているように操作される。

成果割り振りの運・不運

　成果主義は、公正性が高いといわれている。そのために企業も労働者も成果主義を高く評価している（表3-1）。けれども、成果は上述のように操作されるばかりでなく、実際の評価の場に居ると、日本のように集団で職務を行う場合誰がこの成果を上げたかを決めるのは容易でない。たとえば、新しい有力な企業と取引開始に成功したとする。こうした取引開始には数年かかるのが普通であり、多くの組織成員がこの件にかかわる。難しいのは、その成員たちのなかで誰の成果とするかということである。まずその成果の第1の候補者は、実際に取引契約を結んだ者である。しかし、彼はその企業が取引を開始すると決めてから担当者になったのかもしれない。それゆえ、彼にとってはその企業との取引開始は"たなぼた"だったのかもしれない。第2の候補者として、その企業との取引開始を最初にア

第3章　日本の組織における能力主義・成果主義　95

プローチした人がいる。さらに第3の候補者は、誰よりも長くその企業と取引開始を交渉し続けた人である。彼の熱意が、取引開始の決め手だったとも考えられる。第4の候補者には、そうした人たちの上司もいる。部下たちの活動を支援して、その企業が最終的に取引開始を決断するように仕向けたかもしれない。このように一つの成果にはたくさんの人たちが関係しており、いっさいの恣意や主観がないとしても誰の成果とするかを決めるのは難しい。しかも彼らは現在、異動してその評価を受ける場にいないかもしれない。この人たちの成果をどうするかという問題も起こる。このように成果の割り振りは難しい。

　ある組織の支店長は、成果の割り振りについて次のような事例を話した。「現場の担当者であるAは、新しい有力な取引先を獲得するという成果を上げた。一方、Aの直属の上司のB課長は、Aの指導を適切に行った。B課長を管轄しているC次長も、B課長やAと一緒に何度もその取引先を訪問していた。さらに私（支店長）も、本部への経過報告、協力依頼に随分頑張った。それぞれが協調して役割をはたしたので成功したと思う。私としては迷うことなく関係者全員を高く評価すればいいのだが、それでは折角の成果を活かすことにならない。皆がよくやりましたというのではインパクトがない。私自身はこの件で評価されなくても仕方がないとして、長いサラリーマン生活の知恵から、誰か1人の成果にしてしまうのがこの成果を最も活かすのに効果的だと考えてしまう。そこでB課長を次長にしてやろうと考えて、他の人には悪いと思いながらも、B課長1人の成果にしてしまいました。他の人は知らないとはいえ評価者も楽ではありません。さらに私（支店長）だって……」といって黙ってしまった。

　こうした事例に対して、そのような運・不運はどこにでもあることであり、長い目で見れば運・不運のバランスは取れると考える人たち（特に組織生活の経験のない学者たちに多い）がいる。しかし、この考えも通用しないことが多い。先の支店長のように成果が上がった経過をよく知った上で、成果をもっとも効果的にするように考えた末に特定の人に割り振る人もいる。けれども、こうした経過が分からない場合には、成果の該当者を決め

るときに、彼はこれまで成果を上げたと評価されているから今回も彼が頑張ったに違いないと判断して、その人に決定することも多い。

　一方、失敗についても先の成果の割り振りと同じことが行われる。これまで失敗が多いと評価された組織成員に、失敗が配分されることが多い。上記の支店長の思いと同じことになるが、今度は逆に失敗を割り振っても、もはやこれ以上失うもののない人の責任にしておこうとする。こうなると、この人たちはますます失敗の責任を引き受けさせられるようになる。

　こういう決定がまかり通ると、一度良い評価をされると常にその人は成果の果実を受けやすい。逆に、良い評価を受けていないと、成果はいつも逃げていく。同一組織で成果を積み上げていく現在の長期雇用では、運は一方に、不運は他方に収斂していく。

　要するに、能力ある人、成果をあげる人は、必ずしも公正な評価によって選ばれるわけではなく、かなりの評価間違いと、間違いを糊塗する操作と成果と失敗の良心的な（？）割り振りのなかで決定されていくこともある。もちろん、能力・成果ともに優れた人たちも選ばれるけれども、ふさわしくない人たちも当然含まれるということである。こうしたことは避けられないことである。筆者はこれを完全に排除せよ、などとはいわない。ただし、組織の運営にはこういう誤って選抜された人たちもかかわっているということを正しく認識しなければならない、と主張したい。評価は人が他人を評価するものである以上ミスが避けられない。むしろ、組織というものは、そうした地位にふさわしくない人たちがいても、維持・発展させなければならないものである。

審判のいない試合

　人事評価には、組織内のルール（人事評価基準）がある。しかし、そのルールを守らせる審判がいない。審判がいないスポーツの試合はないが、人事評価には評価者はいるけれども、評価者の審判がいない。

　人事部は評価結果の見直し、それぞれの評価者の評価の"甘い、からい"の調整はするけれども、評価の内容や評価のルールが守られているのか、

まで立ち入らない。疑問に思っていても放置する。第2章で述べたように、ある管理者が、人事部員から「あなたは〇〇さんにひどい評価をされています。気の毒だけれども今となってはとりかえしがつきません」というなぐさめとも、あきらめるようにともとれる言葉をかけられたことを思い出して欲しい。つまり、人事部は評価者の主観や恣意をそのまま認めている。審判は、プレーの現場でルールの遵守を判定する。人事部は現場でルールが遵守されているという前提のもとに、現場から上がってきた結果を調整する。そういう意味で、人事部は審判ではない。

　1年間の能力発揮と成果の評価を、評価者がたとえ公正をめざしていても、審判なしに決定するのは、恣意や偏りや思い込みが入り込むのを避けることはできない。

　富士通では「明らかに恣意的で適切でない措置を行ったと判断された幹部社員に対しては、実際に正式な処分発令を持って牽制を行っている」という[16]。しかし、筆者は寡聞にしてこれ以外の事例を知らない。

価値観と能力・成果

　組織で組織成員が能力を発揮するには、組織成員のもつ価値観と組織の価値観の整合性が大きく影響する。たとえ、その人に能力があっても、組織成員の価値観に反した職務で、能力を十分に発揮することは難しい。

　したがって、組織成員が組織で能力を発揮する対象としての職務は、少なくとも自己の価値観に反しないものでなければならない。たいていの人たちは、自己の価値観に合う行動をしたいという欲求を持ち、もし価値観に逆らった行動をした場合の心理的負担は大きい。もし自己の価値観を麻痺させることによって自己をごまかしたとしても、いつまでも自分をだましおおせるものではない。多くの組織成員たちにとって、自己の価値観に従った言動をとることは、能力発揮やその公正な評価以上に大切なものである。結論として、組織成員の能力は価値観に反するような職務には十分発揮できない。ところが、組織の価値観と組織成員の価値観が異なる場合に、彼らが自分の価値観を優先すると、能力を低く評価されてしまう。

日本の組織では、状況によって変化する組織の価値観に合わせれば高い評価を受ける。しかし、その組織の価値観によっては、できない、あるいはやるべきでないと考える人たちがいる。そういう人たちは、やろうと思えばできる、けれども、自己の価値観との相違に目をつぶってまでやるべきでないと苦しむ。

　1980年代前半のバブル期に入る前、すなわち日本経済の好調期に組織生活を送ったある定年退職者は、自分の価値観と組織の価値観が違うときの対処法について次のように述べている。「会社は、他社がやるから自社もやるというように、仕事の社会的な価値を考えないで命令してきました。そこで私は、会社の命令を6ヶ月遅れで実施することにしていました。命令を出して6ヶ月もすると、やっていることが"間違っている"と気づいてくれて、止めになることがしばしばありました。こうして、私はずいぶんと救われました」。しかし、現在はこのような悠長なことを許してくれない。

　組織における個人の能力評価は、その組織の価値基準で判定された一つの指標であるにすぎない。もちろん、組織成員は仕事でその能力が認められるためだけに、生きているのではない。組織成員にも仕事や組織以外の生活と生きがいがある。したがって、組織で能力が認められればすべて満足というわけではない。

　バブル期に、自己の価値観に従って組織のやり方に反対して、その組織を去っていった人びとが少なくないことを考えてみれば、価値観が能力発揮といかに関係しているか分かる。能力は価値観というフィルターを通って出てくるのだ。

能力・成果評価の限界

　そもそも能力や成果の評価に完全性を求めることができるであろうか。評価には幾分の不公平や、あるときには不正が混じり込むことはさけられない。中国の科挙は、人類史上最古、最長の歴史をもつ能力評価制度である。人民のなかのもっとも賢明なものを登用するために西暦586年に始ま

った科挙は、完備された体制のもとで行われたが、それでも不正が起こった。そのために試験の上にさらに試験を重ねたり、制度の改良が加えられたりしたが、不正は解消されず、また選抜につきものの運が左右した。[17]

　科挙のみならず、選抜・評価は社会・組織のリーダーを選び出すために行われる。科挙の歴史が示しているように、選抜・評価から不公平や不正を完全に除いてしまうことはできない。したがって、選抜・評価に幾分の不公平や不正があっても、もともと人が人を評価・選抜することは難しいものだから、その結果が許容誤差の範囲内であれば社会的に認められるであろう。たとえば、大学入試センター試験は選択科目によって多少の有利・不利があっても、厳正な許容誤差のコントロールがあるので、その存在意義が認められている。したがって、焦点は選抜・評価の結果が許容誤差の範囲内かということになる。けれども、社会や組織のなかの選抜・評価が許容誤差の範囲内で行われているかを直接検証することはできない。

　しかし、事後になるが判定ができなくもない。それは社会や組織の現状である。社会や組織は、人材の有無や人材の選抜・評価だけで決まるわけではない。けれども大きな要因であることはたしかである。

　こうした観点から日本の組織を見るとき、管理者、特にトップ層の選抜・評価が許容誤差の範囲内であるといえるだろうか。許容誤差の範囲を超えていないだろうか。したがって、次のことに注意しなければならない。それは選抜や評価には誤差が入る余地があり、しかも現在はその誤差が大きいとすれば、現在のような選抜や評価を、能力主義や成果主義でやっていると声高にいうべきではない。どんな組織でも胸を張って、能力主義・成果主義で選抜・評価しているといえるほどの評価システムをもっているわけではない。選ばれた者はいいであろうが、選ばれなかった者は浮かばれない。組織としては、誤りがあることを認めてこれに対策をたてる必要がある。

　また本書の対象としている組織成員は、選抜・評価に誤りがあることを自覚して、それぞれに対策をたてなければならない。これについては第5章「キャリアをつくる」で詳述する。

組織成員にとっての能力主義・成果主義

　能力と成果の相違をはっきりさせることが必要である。能力があれば必ず成果が上がるわけではない。成果は、その他の要因すなわち、外的要因（経済状況等）、内的要因（病気等）が影響する。逆にいえば、成果は少なくとも短期的には能力に関係ないことすらもありうる。つまり、成果が上がれば能力があるだろうという推測にしかすぎないこともある。

　一方、成果を上げる方法はいろいろある。あまりにも成果を強調しすぎると、どんな手段を使ってでもやろうという人が出てくる。しかも、不正な手段で成果を上げることができると、不正な手段を実行できることが、成果を上げる方法だと考えられるようになる危険がある。

　成果は、どの段階で評価するかという問題もある。つまり、結果を評価するのかその結果の過程（プロセス）を評価するのかということである。結果だけで評価すると、単に数字が上がっていればいいという短期的視点となったり、手段を問わないことになりやすい。一方、過程（プロセス）を評価することは、成果という結果を出すためにどのような行動をしたかを評価することである。成果主義におけるプロセス評価は、成果を重視しながらそのプロセスも同様の比重で重視することである。

　職能資格制度においては、結果よりもプロセスの一種である態度を重視した。成果主義においてもプロセスを評価すると、職能資格制度における評価と大差がなくなる。またもと来た道を帰っていくことになる。

　能力主義・成果主義の成否は、組織成員に本当に能力や成果で評価されているという確信を植えつけることができるかどうかにかかっている。

　したがって、評価の公正さに信頼がないままに、成果主義を採用するのは危険な賭けである。信頼なくして評価システムだけの成果主義を導入すると、不公平感を生み、組織の活力を削ぐ結果となる。

　能力主義・成果主義が悪いといっているのではない。しかし、能力主義・成果主義にしていく過程に注意が必要だということである。

　守島（1999）は、成果主義が職場に与える影響を調査して「成果主義の主な導入目的は、純粋に従業員の生産性に見合った賃金を払っていくとい

うよりは、むしろ評価をこれまでより厳しく行い、さらに従業員間の賃金格差を大きくし、従業員にインセンティブやショックを与えることを目的としている場合が多い」として、ひとことでいってしまえば「ショック療法」だと結論している[18]。

しかし、制度の納得を得ないままの成果主義というショックは組織成員にいたずらに混乱と失意と不信をいだかせることになる。

成果主義はかならずしも能力を向上させない。したがって、組織成員の側からいうと、能力・成果主義に自己の能力を向上させる意味で多くの期待をもつことは危険である。

結論として、組織成員にとって能力・成果主義の目的は、組織に評価してもらうものではなく、自らが能力主義・成果主義の果実としてのキャリアを形成することにある、と考えるのが能力主義・成果主義に関してのもっとも実りのある解釈である。

5 能力主義・成果主義と協調性

強いられた協調性

第2章で述べたように、一般的潜在能力の判定を基準にして、その職務の未経験者を配属できるのは、1章図1-1（46頁）のように同僚あるいは上司の協調性を前提にしている。日本の組織は組織成員の顕在能力で一つの部門を構成するようにはなっていない。図3-1は、課の職務がA～Fのそれぞれの顕在能力に対応して割当られて、課の職務が隙間なく編成されている。図3-1のきっちりと組み立てられた職務編成と図1-1の隙間だらけの職務編成を比べると大きな相違があるのが分かる。図1-1のような職務編成をとる日本の組織では、"私の職務はこれだけ"というのでは日本の組織の能力主義は立ち行かない。組織成員は、職務編成上好むと好まざるにかかわらず協調性を発揮せざるをえない。

さらに、成果主義も協調性を無視するわけにはいかない。仕事の成果は、1人の能力だけで生み出されるものではないからである。

図3-1　顕在能力による職務編成

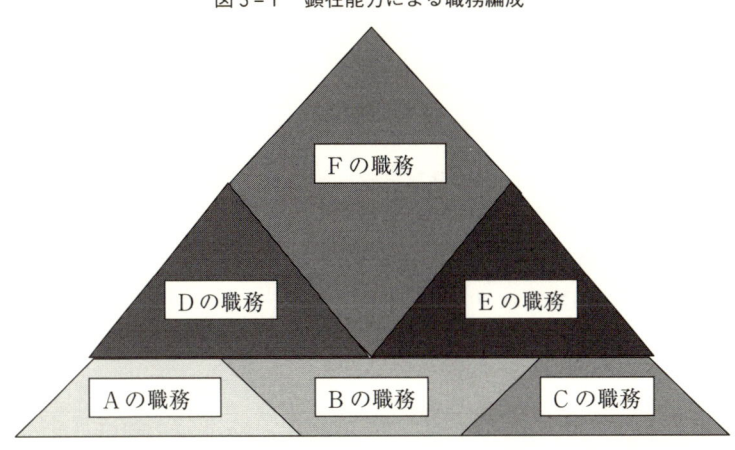

```
              ┌─────────┐
              │ Fの職務  │
         ┌────┴─────────┴────┐
         │ Dの職務  │ Eの職務 │
    ┌────┴──────┬──┴────┬────┴────┐
    │ Aの職務   │ Bの職務│ Cの職務 │
    └───────────┴───────┴─────────┘
```

　小笠原 (1998) は、東京都内の大手メーカー、商社、金融機関などに勤めるOL、元OL、サラリーマンら60人への聞き取り調査を行って、「日本の多くの企業では、仕事の最終責任は総合職社員にある。仕事を首尾良く運ぶためにOLの手助けが必要であれば、その手助けをうまく受けるのも総合職の重要な仕事の一つなのだ。この意味では、有能な社員とは、OLを含めた部下の協力を得られる者のことであり、そのような者は、よく人徳があると見なされる。反対に、OLの協力が得られなければ、その人は上司としての力量に欠けるとみなされがちなのだ」と結論づけている[19]。

　経営コンサルタントのように、比較的他のコンサルタントと独立した仕事で、個人の能力がそのまま成果につながりやすい職業でさえ、OLたちの事務的な協力を必要としている。経営コンサルタントが、依頼者に報告書をつくる際に、彼ら自身が報告書を作成していたのでは1時間当たり何万円という単価で計算して受注額を決めているので、採算がとれない。草案は彼らが作っても、報告書の作成はOLたちの仕事となっている。しかし、こうしたOLはその経営コンサルタントの専属ではないので、優先的に自分の仕事をしてもらうには、日頃からOLへの気配りは欠かせない。OLの側からすれば強いられた協調であるが、これを得られることがコン

サルタントの仕事の成果を決める。

敗者から協調を引き寄せる

　組織のなかで、昇進の各段階で第一選抜を続けていくためには、第一選抜者のなかで競争することはもちろん、他方で今回第一選抜からはずれた者、さらには早い段階で第一選抜の対象からもれた人たちの協調をとりつけることが不可欠である。つまり、第一選抜を続けている人たちは自分の能力の他に多くの協調者がいる人たちだということである。第一選抜にもれた人たちのなかから人事評価で負けたとはいえ、仕事の面ではまだまだやる気があり、有能な人を見いだしてこの人たちの協調を取り付けた人であるということができる。要するに、組織のなかの敗者の利用がうまい人である。これも能力というなら能力主義で選抜が行われているのである。このように組織の勝者は敗者の強いられた協調を必要としている。つまり、組織のなかで能力があるということは、強いられた協調をうまく引き寄せることができるということである。

　たしかに、有能な他人の能力を借りる、あるいは教えてもらうことによって得られる能力も能力である。人間は社会的動物であるから個人として持つ能力だけでなく上記のような能力も大事な能力である、と筆者も認めていることをあえて付け加えておく。

6　能力主義・成果主義と競争

美しき二つの誤解

　一般に、能力のある者は組織のなかの競争に勝つ、と信じられている。もちろん組織のなかの勝敗は、能力によって決まることもある。しかし、それが美しき誤解の一つであることも多い。日置 (1998) は、団塊世代のすぐ下の年齢の研究者の"なげき"を引用している。「団塊世代はただでさえ数が多く、しかも小さなときから競争にさらされているために競争に耐えるばかりでなく、その競争を生き抜いてきて、現在の地位にいること

になる。このためにある程度の能力を持っているが、それも競争に適した能力であり、しぶとく競争を生き延びるノウハウをもっている」[20]。

　ついでながら、筆者自身も、団塊の世代のわが妻に競争の上手な勝ち方、将来につながる負け方を教えてもらう。しかし、できない。団塊の世代のように、学校時代から多くの同年齢のなかで鍛えられ、さらに、これからさきも墓場まで競争しなければならないという意識のある年代には、とても太刀打できない。どうも、競争には職務遂行能力があるから勝つのではなく、競争に勝つための別の能力があるようだ。むしろ、競争に勝つのに必要な能力は、能力というより駆け引きとかノウハウ、処世といった方が正しいかもしれない。

　もう一つの美しき誤解は、組織のなかでは、能力や成果を正当に競っているということである。

　組織における成功を役員や社長の地位への昇進とすると、その実現は上位の地位を目標とすればするほど、難しくなる。少なくなる地位を獲得するためには、同じ地位をめざす他の組織成員との競争になる。

　地位を争う競争に勝つためには、能力でも成果でもともかく他人より優れた点を認められてその結果として地位を獲得するという正当な方法と、能力や成果などより、ともかく競争上手で地位を獲得するという二つの方法がある。

　ところが、組織のなかの競争は、もっぱら能力や成果を正当に競っていることになっている。これが美しき誤解である。組織のなかで本当に競っているのは、地位と賃金である。能力は他人と競わなくても、自分一人で身につけることができるだけでなく、成果も他人と競わなくても達成できる。能力や成果は、地位や賃金と異なり、数量に限りはないので他人と競争する必要がない。能力や成果を競っているように見えても、これらは最終的な目的である数量に限りのある地位や賃金を得るための手段であり、もっと直截にいえば方便である。

　能力や成果を上げなくても、あるいは能力や成果によらなくても地位や賃金を獲得する方法があれば、能力や成果はまったく関係がない。もっと

確実な方法があるならそれによるのが合理的である。

しかし、組織は能力も成果も上げない人に、高い地位や賃金を与えていては維持できない。したがって、あくまでも能力や成果で評価しなければならない。だからといって、自分が能力や成果を上げる必要はない。能力のある人たちに無理やり成果を上げさせ、その成果の横取りができればそれでよい。

組織のなかに成果を配分するルールがあるのか、あってもそのルールは守られているか、を考えてみなければならない。

ルールのある競争といわれるスポーツの試合を思い出してみるとよい。ルールがあっても審判がいなければルールは守られないし、審判がいても気がつかなければそのまま試合は続行する。自らルール違反を申し出る人は皆無である。先にも述べたように、組織には審判はいないのである。

競争は画一人間をつくる

競争の勝者には共通性があるかもしれない。米原は通訳者について「会議通訳をしていると、(中略)様々な言語の通訳者と一緒になる。(中略)一番クソ面白くないのが、例外はあるものの、英語通訳なのである。ものの見方が通り一遍の枠を出ない。マスコミや権威筋の見解がそのまま自分の意見になってしまうようなタイプが多いのである。(中略)日本では英語習得の機会が他の言語に比べてけた違いに多く、熾烈な競争を勝ち抜いて会議通訳として生き残るのは、日本の社会に受け入れられやすい優等生タイプが多いせいかもしれない」[21]と話している。競争がこうした画一的な人たちを作るとすれば競争には弊害がある。私たちの周りの勝者をこうした目でもう一度見渡してみるとよい。そして、勝者は本当に勝者なのか考えてみよう。

このように考えると、組織のなかで行われている競争は、能力を伸ばすように働いているのだろうかと疑いがわいてくる。ただ単に、組織成員のエネルギーが、無駄に浪費されているにすぎないのではないか。したがって組織成員は、競争を「個人間の関係を利害の対立や他人と勝敗、優劣を

競う相手と考えて行動する」のではなく、「自己の知識と技術を伸ばすために他人と互いに目標をめざして競う」というように考え直さなければならないだろう。

1) 遠藤（1999）p 223。
2) 前掲書（1999）p 243。
3) 金井（1991）p 116。
4) 奥林（1999）p 511。
5) 原田泰『日本経済新聞』1996.3.8.夕刊。
6) 関（1993）p 103〜105。
7) 『日本経済新聞』1999.7.11.朝刊。
8) ミルヴィオ・ピエールサンティ『Number』492, p 49。
9) 平尾（1998）p 195〜p 196。
10) 管理者が入手する情報の量は多くて質も高いというと、情報は現場がもっているとか、インターネットの普及、さらにはメールで直接組織のトップとの交信が可能になったので、情報の量と質は管理者とその部下も変わらないという言説が流布している。もちろん、筆者も管理者と部下がもっている情報について変わらない部分があることを認める。しかし肝心なのは、誰が能力や成果を評価しているかを思い出すことである。多くの情報と質の高い情報によって、いかに成果を上げても、それを評価するのは管理者だということである。つまり、管理者から出た情報にもとづかない、管理者が出し抜かれた情報による成果は、成果として認めないということになれば、やはり情報は管理者からもらわねばならず、結果として、組織成員にとって、管理者の情報は量も多く、質も高いことになる。
11) 水谷（1999）p 378。
12) 日置（1998）p 89、ジフ構造とは最初のいくつかが極端に大きく、残りは似たようなものになるという分布の構造である。
13) Peter（1970）邦訳 p 24。
14) 前掲書 p 25。
15) Carnegie, D（1936）p 29。
16) 高橋（1999）p 83。
17) 宮崎（1963）。
18) 守島（1999）p 2〜14。

19) 小笠原（1998）p 127～128。
20) 日置（1998）p 35。
21) 米原万里『日本経済新聞』1997.7.9.夕刊。

第4章　組織を動かす力

　組織のなかにはいろいろな"力"が働いている。それらが組織成員の行動や考え方に影響を与えている。そうした組織成員を動かす力のなかから、リーダーシップ、権力、ポリティクスを取り上げる。

1　リーダーシップ

　まず、本章におけるリーダーシップを定義しよう。リーダーシップには多くの定義があるけれども大きく分けると2種類になる。一つは、組織目的の達成への影響力をリーダーシップとするもので、たとえば「従業員の人間的欲求をみたすことによってモラールを高め、それを通じて組織目的の達成に必要な貢献を従業員から引き出す影響力」「それぞれの異なる目標、思考などをもち、意思決定の自由を持っている人々を調達し、統合し、組織としての共通の意味や価値あるいは秩序を組織目的の方向に向けて形成し、維持するように影響を及ぼす主体的影響過程」[1]。もう一つは、組織目的の達成に限定しないで、組織のなかのリーダーの影響力をリーダーシップとするもので、たとえば「ある状況のもとで、部下の目標指向的行動ないしは動機づけられた行動に対して、リーダー自らの行動を通じて行使する対人的影響力」[2]「組織全体あるいは組織のなかでのさまざまな部門や集団のリーダーが発揮する機能、果たすべき役割」[3]のような定義がある。この他にも多くの定義があるけれども、リーダーシップが社会的影響力の一種であることについては、意見の一致がある。

　リーダーシップは、その定義により、管理者のみが発揮するものではない。管理者でなくても、組織成員として発揮できるものである。しかし、

109

「集団の中で、ある人が高い地位につくということは、その人が個人的にはどんな人であっても、集団の中では存在価値が高いのである。(中略)課長のポジションについた人は、平社員に対して、個人的な力の如何を問わず、リーダーシップを発揮しやすく、試みられたリーダーシップは成功しやすいのである。言葉をかえれば、課内でのリーダーになりやすい」[5]のが現実である。

したがって、日常的に管理者をリーダーと呼び、その管理者が部下に及ぼす影響をリーダーシップといっている。本章の目的は、冒頭に書いたように組織のなかの"力"が組織成員に及ぼす影響を考察するものなので、リーダーシップを「管理者が部下の承認のもとで行使する影響力」とする。

管理者の実情

管理者は、リーダーの立場にあるけれども、多くの管理者が本書で定義したリーダーシップを発揮しているかどうかは疑問である。それは、これまで述べてきた管理者の選抜を考えればすぐに納得がいく。組織で独自に決めた評価基準によって、能力や成果を認められた者が、管理者に選ばれる。その評価基準のなかには、管理統率力といった基準もあるけれども、おおむね成績やその他の能力さらに態度によって高い評価を受けた者が管理者となっている (第2章表2-1参照)。したがって、リーダーにふさわしいかどうかを評価されないままに、リーダーの役割を必要とされる地位についてしまうことが多い。

第2章「4 評価される者の立場」で述べたように、高い人事評価を受け続けるには、評価者に逆らわない、さらには服従することすら不可欠の条件である。すなわち、よく評価者に服従していた者が管理者になり、さらにリーダーになるというパターンである。たしかに、「よき指導者たらんとする者は、まずよき服従者でなければならない」という古くからの格言がある。しかし、これはおかしな論理である。「いったいどうして指揮能力が服従能力に依存するなどということがありうるのか? それはまるで、浮く能力は沈む能力に依存するというようなものではないか」と、ピー

ター（1970）が指摘する通りである[6]。

　管理者の選抜は、リーダーの選抜になっていないとしても、管理者をリーダーに養成できればよい。しかし、現在の組織の管理者をみると、かならずしもリーダーの養成に成功したとはいえない。その原因は、リーダーは育てられない、ただ育つのを助けることができるにすぎないという、リーダー育成の基本を軽視したからである。すなわち、すぐれたリーダーは育つのではなく、育つのを助けられて生まれる。そして、すぐれたリーダーが育つのを助けるには、具体的な手本が必要である。すぐれたリーダーは、手本となるリーダー（役割モデル）を身近に見て、それにあこがれ、そうなりたいと思い、それを模倣することによって育つものである。そのために、組織のなかにリーダーの役割モデルが必要である。役割モデルがなく、中途採用も少ない組織に、すぐれたリーダーが突然現れるものではない。まず、この役割モデルとなるリーダーを組織のなかに置いておかなければならない。しかし、すぐれたリーダー養成には、役割モデルになるようなリーダーがいることだけでは足りない。もう一つ忘れてはならないことがある。

　それは、役割モデルのリーダーが、組織内で尊敬されるだけでなく、相応の処遇を受けていることである。組織成員は、リーダーになるための役割モデルにしている人たちを組織がどのように処遇するかをたえず見守っている。それは、組織がどういう人をリーダーにしたいかという人事方針を組織成員に伝えるシグナルだからである。ところが、組織成員がリーダーの役割モデルにしている人たちを、組織は相応に処遇しないことが多い。なぜなら、リーダーになるような人たちは、「よき指導者たらんとする者は、まずよき服従者でなければならない」という格言に該当しないことが多いからである。したがって、「たいていの階層社会では最もリーダーとしての素質に富む人物は、実際にはリーダーになれないもの」なのである[7]。

　結論として、日本の組織はすぐれたリーダーを育てる手助けを本当にしてきたのだろうか、と考えざるを得ない。むしろ現実の組織では、リーダーにふさわしくない人たちの下にいる部下が、その人たちをリーダーにふさ

第4章　組織を動かす力　111

わしくないと思いながらも、いつの間にかそのリーダーに似てきてしまう、つまり、悪い役割モデルに似てくる。嫌いだったリーダーと同じことをしている自分を発見して、愕然とした経験をもつ組織成員は少なくない。

リーダーにも、「悪貨は良貨を駆逐する」というグレシャムの法則が当てはまる。

つまり、組織のなかでは、リーダーにふさわしくない多くの管理者が、こうした状況のなかでどうにかしてすぐれたリーダーになろう、なんとかリーダーシップを発揮しようとしているのが実情ではないだろうか。

管理者のリーダーシップ
　組織のなかでは、リーダーシップは不可欠なものである。したがって、管理者はリーダーシップを発揮しようとする。現に、管理者はリーダーシップを発揮しているではないかという疑問が出てくるであろう。たしかに、管理者はリーダーシップ（らしきもの）を発揮している。管理者に限らず影響力を与える要因は次の四つである。
① 信頼にもとづく影響力
　人びとは、それがほんとうに正しいかどうか分析しないで、大きな信頼を寄せている人々の提案を受け入れる。
② 一体化にもとづく影響力
　人びとは、自分たちが一体化している集団が一致して行った意思決定を受容するばかりでなく、同じ提案が「部外者」によって提案されるときより受け入れやすい。
③ 正当性にもとづく影響力
　人びとは、組織に入っていくとき、組織の規則に従うべきだと感じている。
④ 制裁にもとづく影響力
　管理者には制裁という武器があり、組織成員の行為に対して望ましいあるいは望ましくない結果を付与することができる。
　日本の管理者がこうした影響力をもっているかどうかを問うまでもな

く、日本の管理者の選抜はこうした影響力の有無を選考基準にしていない。したがって、管理者の選考基準にはなくてもこうした影響力をすでにもっている人たちを除いて、共通にあるのは、管理者に選抜された後で付与される制裁にもとづく影響力だけである。

中村（1964）は、「フォーマルな集団では、地位の分化したところに具体的な人間が配置されていくために、いつも、その地位にふさわしい人間が、その地位についているとは限らない。その地位をこなすには、能力・経験が不足した人間がその地位につくと、地位の低い者からみて、そのリーダーシップを受け入れる根拠は、賞罰を中心としたものになりやすい。リーダーシップの内容を合理的に判断しようとすればするほど、それを受け入れることの正当性を疑うようになる」と説明している[8]。

正当性を疑われると、管理者はますます制裁にもとづく影響力に依存しがちになる。先の格言「よき指導者たらんとする者は、まずよき服従者でなければならない」を守ってきた管理者は、自分がこれまでしてきた服従を、今度は部下に要求し、従わなければ制裁することに疑問を感じないからである。

つまり、日本の組織の多くの管理者は、制裁することはできるが、リードする（部下の承認のもとでの影響力）という面が欠けているか、あるいはリードすることができない管理者が多い。もともと、管理者（マネジャー）とリーダーは違うのだから当然こういうことは起こる、という見解を述べる学者もいるけれども、実際に管理者がリーダーの立場にいる以上そういう見解は実り多いものではない。

制裁にもとづく影響力は、人事評価を行う権限によって行使される。日本の組織の人事評価は、すでに述べたように基準があいまいである。したがって、評価者は主観や恣意を入れやすい。人事評価基準が明らかであれば、主観や恣意の入り込む余地はすくなく、たとえその評価基準が組織成員にとって納得のいかないものであったとしても、それに合うように対応することはできる。しかし、対応しようにもその基準が主観や恣意で変化するとなるとどうしようもない。しかも、良き服従者だった者の常として

職位の差を封建時代の身分差のように考えがちである。そういう管理者にとって、自分の評価基準を部下に教えるなどということはとんでもないことである。そうした管理者は、ことあるごとに人事評価する権限が自分にあることをほのめかして、部下を威嚇し、部下の人格すら無視する。そのために評価される者は、ひたすら管理者に服従するしかない。

要するに、多くの管理者は、基準のあいまいさによって、リーダーシップ（らしきもの）を発揮している。

こうした状況の下で、部下が上司の命令にいやおうなく従っている状態は、外部からみればいかにも上司が強力なリーダーシップを発揮しているように見えるけれども、日本の組織の少なからぬ管理者のリーダーシップは、人事評価基準のあいまいさがもたらす、部下の服従にほかならないといってしまっては言い過ぎになるだろうか。

リーダーシップより権力

このようにして発揮されるのが、多くの管理者のリーダーシップであるが、これはいかにも"まだるっこい"。もっと直接的で効果的なものはないかと考える。そこに権力がある。

権力は、リーダーシップと誤認されやすい。北野（1989）は、リーダーシップと権力について「権力は要求するが、リーダーシップは要請する」というある研究者の言葉を引用している[9]。

たしかに、組織成員の日常の感覚として、この言葉は的をえている。もちろん要求か要請かを判断するのは受ける側にかかっており、どちらともとれる。しかし、多くの組織成員は要請などされていない。したがって、それが要求されたものであって、リーダーシップではなく権力だと思っても、それに従わざるをえない。また管理者にとっても要請するより要求するほうが手っ取り早い。こうして、要求する権力の前に要請するリーダーシップは無力となる。

ところが、権力が行使されるときでもリーダーシップという言葉が権力のダーティな面を隠すために使われる。権力はリーダーシップの裏の面、

暗い部分だといってもいいのかもしれない。

2　組織内の権力

組織と権力

　国家や社会を考えるとき、権力を抜きにしては考えられない。そして権力はコントロールすべき重要な課題である。人間の歴史は、国家や社会の権力や権力者を如何にコントロールするかという試行錯誤の積み重ねであったといっても言い過ぎではない。そして、いまだに人間は権力のコントロールに成功していない。

　組織は、国家・社会というシステムのサブシステムである。その社会のサブシステムである組織も、人間に権力欲がある限り権力からのがれることはできない。しかも、組織成員にとって、組織は社会や国家より身近な日常の場である。したがって、権力を身近に感じ、その影響を直接受けるのは組織からである。ところが、組織のなかの権力は、これまであたかも存在しないかのように軽視されてきた。

　当然のことながら、軽視されているということは存在しないということではない。組織のなかで権力は繁殖し、組織成員はその影響をまともに受け続けている。

　権力とは何かについて、多くの定義がある。本書ではブラウ（1964）の「権力とは、定期的に与えられる報酬を差し止める形態をとろうと、罰の形態をとろうと、脅かすことで抵抗を排除してでも、人びとあるいは集団がその意思を他者に押しつける能力である」を権力の定義とする。[10]

　この定義の最後の言葉"能力"が、これまで組織における能力とは何かを考えてきた私たちに一つの解答を与える。つまり、組織のなかで必要な能力にはいろいろなものがあるとしても、権力は組織において一つの強力な能力である。しかも権力は、組織にとって本来必要な職務遂行能力が乏しくても、これを十分にカバーする決定的な能力になる。しかも、この権力という能力は職務遂行能力があるから身につくものではない。職務遂行

第4章　組織を動かす力　115

能力とは、ほとんど無関係な能力である。そのために職務遂行能力の乏しい人が、権力という能力だけを獲得することが起こる。ところが、その権力は、その獲得者に他の能力を凌駕する圧倒的な力を与える。

パッカード（1962）は、「エグゼクティブたちがあらゆる面で大いに努力する場合、スマートに権力争いを切り抜けることのほうがいろいろの事務をうまく処理する技術を知るよりもっと出世に役立つ」と権力の威力を指摘している[11]。

組織内の権力事例

とはいっても、権力は取り上げにくい主題である。組織のなかの成員同士で、権力の理不尽さをなげきあっていても、それを記録に残す人たちはまずいない。ましてや、権力を行使した組織のトップも権力の性格上、自己の行使した権力について記録を残さない。

組織のなかで権力が行使されるその場にいなければ、権力の実態は分かりにくい。その場にいない第三者が、権力者に権力について質問してもまともな返事を期待できない。さらに、権力を行使されている人たちっとては、権力など思い出したくもないことで、まして質問に答えても何の役にもたたない。

したがって、研究者は組織のなかの権力について研究しようにも手がかりがない。こういう事情で研究者は、組織成員にとってもっとも深刻な影響を与えている権力を軽視しつづけている。しかし、このように組織内の権力を軽視していると、組織はいつのまにか無法地帯の状況を呈することになる。

もちろん、経営学者のなかには組織における"力"をすでに認識している人たちもいる。しかし、それは権力というダーティなものではなく、パワーというものである。加護野（1980）は、パワーを「発言力[12]」として、寺本（1992）は、「開放的なエネルギー[13]」として、伊丹・加護野（1989）は、「人にたいして行動を強制する力、影響を及ぼす力[14]」として、パワーの組織内での働きに注目している。

こうした学者が指摘するパワーは、たしかに組織のなかに存在しており、組織のなかでそれぞれ影響力をもっている。しかし、組織成員が日常経験していることはそんなものではない。このようなパワーとして取り上げられているものではなく、もっとダーティなものである。

　そこで筆者（1998）は、大企業の中間管理者に「組織のなかで、あなたが上司の意図に強く影響された場面、そのときの登場人物、経過を教えてください」という質問をした結果を13の事例として報告した。[15]

　本書では、そのなかで二つのきわだった事例を簡単に挙げておく。第1の事例は、部長と次長の間のある案件における意見の相違の事例である。部長は、次長の反対を無視して担当者に稟議を作成させ、次長に知らせないままに稟議を本部に送った。しかし、本部の判断は次長の考えと同じで、その案件は否決された。その結果を怒った部長は、これを次長の責任として外部出向させてしまった。"なぜ抗議しなかったのですか"という筆者の質問に、この次長は、「こうした事例は組織のなかでは珍しくなく、私自身も何度も経験している。若いときには"若気の至り"で、上司に抗議したこともあったが、結果はかえって悪い方向に出た。組織では正論は通らないものと、ようやくこの歳になって分かってきた。私もやっと生長したようだ」と話した。

　第2の事例（有給休暇）は、職員が新婚旅行のために10日間の有給休暇を申し出たとき、部長は「有給休暇は部の全員に関係のあることなので、これを認めないことが部長の力を皆にみせつけることになる」といって、結婚式前日に有給休暇の日数を短くするように指示した。そのために新婚旅行の日程に影響した事例である。

　本書では、上記の2事例を取り上げたにすぎないが、これらの事例のように日本の組織では多くの場面でこうした上司の影響力が行使されていた。

　しかも、事例のなかの中間管理者は、こうした上司の言動に納得がいかないと考えたにもかかわらず黙っている。"正論はこうだ""こうあるべきだ""他にやり方がある"と考えていながら、それをいえばますます事態

は悪くなると考えて、それを口に出さない。13の事例は「無視・いじめ」「情報遮断」「説明のない意思決定」「口出し」「自己目的追求の正当化」「威嚇」「責任の転嫁」のように異なるけれども、背景には共通して人事権による押しつけがある。したがって、筆者はこれらの事例をすべて人事権にもとづく権力と判断した。

3　人事権にもとづく権力

　組織のなかの人たちが人事権にいかに関心を持ち、ある場合には怯えているかは第三者にとって想像のつかないものがある。したがって人事権についてもう少し考察しておく必要がある。

　人事権には、評価権、職務割当権、異動権の三つがある。評価権は文字どおり部下を評価する権限であり、評価権についてはすでに見てきているけれども別の視点から考えてみる。

減点主義評価への怯え

　減点主義のもとで、被評価者は1度減点されるとそれを回復することができない。したがって、被評価者は評価者から減点されないように、具体的には、失敗と評価されたり他人の失敗の責任を押しつけられたりしないように、いつも評価者の顔色をうかがっている。もし、加点主義（成果をあげれば加点される）であれば減点を取り戻すことができる。しかし、減点主義では減点を回復する方法がない。再度の引用になるが、第2章の「あなたは〇〇さんにひどい評価をされています。気の毒だけれども今となってはとりかえしがつきません」という人事部員からある管理者がいわれた言葉を思い出していただきたい。

　しかも減点主義のもとでは、評価者自身ですら自分の減点を避けるために、自分の失敗の責任を押しつける相手をつねに必要としている（ただし評価者のすべてがそのようにするというのではない）。したがって、被評価者は上司の失敗の責任も押しつけられないようにしなければならない。この

ように減点主義評価は、被評価者が常に評価者の意向に配慮し、それに従わざるをえない状況に追い込んでいる。この結果、被評価者は評価者の一挙手一投足に怯え、その都度権力を意識する。

将来を決められる

これから組織がさらに能力主義をいっそう強めると、それを評定する者にとってこれが大きな権力の源泉となる。つまり、能力を評価する者は、評価される者の能力評価を通じて、その者の組織における将来を決めることになるからである。評価者は被評価者にとって、メシアにも悪魔にもなれる。人一人の将来を決定するという立場は、被評価者にとってきわめて大きな威圧となり、それを持つ者は、もたない者に権力を行使することができる。

社宅の大きさを決める評価権

評価権は結果的には昇進・昇格、いわゆる出世するかどうかを決める。この出世はいろいろなことに影響するが、ただちに住むところにも関係してくる。木下（1988）は、社宅に暮らす妻たちに、夫の出世を不断に意識させるR社のしかけを語っている。「出世が遅かったりすると、子供が三人いて、上の子が母親と肩を並べそうになっていても、2DK、夫の職階さえ高ければ、生まれたての赤ん坊一人がベビーベッドにちんまりおさまっている家庭に3DKが与えられている。（中略）R社の方式では、一部屋増やしたいと思えば、夫を出世させる以外に手がないのである」[16]。こうして組織成員たる夫は家族にまで影響する評価権への期待と不安に悩まなければならない。

職務割当権の"にらみ"

職務割当権は、上司が管理する職務のなかで誰にどの職務を割当てるかを決定する権限である。組織内の成員の異動は、ある職務に欠員が生じたり、補充が必要になったりしたときに行われる。しかし、かならずしも新

しくその部門に異動してきた者がその職務につくわけではない。その部門の上司が、現在その部門にいる部下と異動してきた人たちのなかから適任者を選ぶ。組織成員にとって、職務遂行能力を習得するには、なんといっても実際に職務を経験するのがもっとも効果的である。しかも、組織成員が組織のなかで職務経験を積んでいくには、タイミングがある。タイミングを失したりすると後で取り返しのつかない場合がある[17]。したがって、どの職務を誰に割当てるかということは重要な権限となる。

　組織のなかの職務割当権の権力的な面は、第三者には分かりにくい。いい具合に職務割当権が、いかに権力維持に大きな影響力を持つかを示す格好の事例がある。オリンピック招致にかかわる疑惑で世界中から非難を受けていたサマランチ会長は、非難にもかかわらず依然としてその権力を維持していた。その理由として「自分の支持者となる委員を次々と増やしていくIOCでの組織運営のやり方から、しばしば『独裁者』と指摘される」と報道されている[18]。つまり、サマランチ会長は、彼が委員を割当てた多くの人たちがいるので、この人たちが彼に反対するなどとは考えてもいない。世界の目が注目していても、権力者は職務割当権の"にらみ"がきいていれば世界中の批判など歯牙にもかけない。ましてや、世間の目が届かない組織では、職務割当権があればたいていの批判はまったく無視して何の差し支えもない。

家族にまでおよぶ異動権

　人事権のなかの異動権は、どこの部門に異動させ、あるいはどこに出向させるかを決める権限である。管理職の異動には人事部が主に権限をもち、異動部門を決定した上で異動させる。しかし、管理職になる前の組織成員の異動では、部門長が部下の異動の許可を人事部に求めて、人事部が承認すれば異動することもある。異動は同じ部門のなかでの職務割当を超えて、異なる部門・地域への移動であり、これまでとは異なった経験が積めるチャンスである。と同時に、その組織成員の将来のキャリアを決定することになる。したがって、異動権は、職務割当権と同等あるいはそれ以上の影

響を組織成員に与える。誰がやっても成果の上がらない部門・地域というものがあり、逆に誰がやっても成果の上がる部門・地域がある。「私のいうことを聞かないと○○部門や××地区に異動させるぞ」と上司にいわれると、その通りにはならないかもしれないと思いながらも少なからぬ脅しとなる。

　異動権の影響は組織成員自身だけではない。異動権にもとづく転勤は、組織成員本人ばかりか家族にまでその影響が及ぶ。沖藤（1991）は、夫の転勤に振り回される妻の心情を9人の妻へのインタビューで明らかにしている。「8割の企業が、"家族帯同"を原則とし、夫が動くのなら、妻も動くのが当然、人事権は企業にあるが、妻の人生の指導権は夫にあるものと、転勤に関して妻の意向を確かめることはしない」[19]という妻の思いを述べている。

異動は権力をはびこらせる

　権力を行使される側は、一方的に権力者に奉仕する。しかし、こうした権力者への奉仕も、権力者からなにがしかの見返りがなければ続かない。権力を行使される側は、権力者に気づかれないように次第に奉仕を減らそうとする。したがって、権力者も恩恵的な報酬を彼らに与えて奉仕を確実にすることが必要となる。しかし、権力者が報酬を与えるために獲得できるもの（たとえば昇給や彼が昇進・昇格を推薦した者の人事部からの承諾）はその必要に比して相対的に少なく、権力者は十分な報酬を彼らへ配分することができない。

　そうして、権力者と権力を行使される者との間の不均衡な関係からくる緊張状態がピークに達する。このとき、権力者あるいは、権力を行使される者に人事異動の時期がくる。こうして当事者間の緊張状態は解消される。要するに、人事異動によって、権力を行使される側の権力者への不満がそこで断ち切られる。権力者は、一方的に権力を行使して報酬を与えないままで終われる。人事異動は、このような権力者とそれを行使される側の緊張関係を解決する役割をはたしており、異動が組織のなかにつねに権力を

はびこらせるのを助長している。

小さな権力行使の連鎖

先の第2の事例（有給休暇）には、次のような権力の行使が続く。この事例を話した課長は、次のように続けた。「部長の『有給休暇を認めないことが部長の力を皆にみせつけることになる』という発言を、後になって納得しました。部長がこのように有給休暇の利用に厳しいと知った後、有給休暇の申し出が極端に少なくなって、特に管理職で有給休暇を申請する者はまったくなくなりました。そのうえ管理者は、部下の有給休暇の申請を自分の段階でやめさせるようになりました。これも、部長の脅しに屈した管理者の権力行使ですね」。すなわち、管理職は自分たちが有給休暇を取らないだけでなく、部下にも部長の意向に添って、自分たちの段階で休暇を取らせないようにする。部下たちは、管理者の気持を理解しても、彼らにとって、これはまた管理者による権力の行使となる。こうして、上司の権力行使はさらにその下の管理者の不本意な小さな権力行使を引き出す。権力のはびこる組織はこうした小さな権力が無数にしかも階層をなして存在する。その息苦しさはたとえようもないものである。

目的のごまかし
権力がやっかいなのは、その行為が権力者の意図を隠すために、組織のためという衣をまとっていることである。権力者は、自己の利益を組織のためという形で主張するので、実際には自己の利益か組織の利益かどうか分かりにくい。

なぜなら、個人と組織というように対比すると、組織には個人とは別に組織というものがあるように考えられるけれども、組織は個人の集まりであり、組織の意思は、組織のなかの有力者の意思そのものである。したがって、有力者が自分の利益のためにすることも組織の名で行うこともできる。

しかし、組織に長くいると自己の利益のためか、あるいは本当に組織の

ためかが、分かるときもある。問題は分かっても、組織のためという主張が見せかけであることを立証できないことである。

能力の消耗

組織成員は、権力に翻弄されて疲れきっている。日本の組織成員の生産性の低さは、彼らの能力がこうした権力に翻弄されて消耗しているのも一つの原因といえるかもしれない。いやむしろ、日本ではこの組織の病気ともいうべき権力にうまく対応できる者が能力を消耗せず、能力があると評価されているというべきかもしれない。

身近な権力

こうした人事権をもつ上司を権力者だと考え、人事権を権力の源泉と見るのは、あまりにも被害者意識が強いか、さらに被害妄想だと考える人もいるであろう。たしかに、権力を意識するかどうかは当事者同士の関係や状況にかかっており、同じことを権力と意識する人もおれば、そう感じない人もいるからである。しかし、組織成員にとって人事権は、日常つねに意識するものである。たとえ、評価者が公正な人であっても、めったに起こらない権力より、その人の権力を意識せざるをえないのである。杉田（2000）は、「あまり出食わす機会のない拳銃強盗や秘密警察よりは、上司Ａの方が暴力的な存在として意識されることもありうるであろう。Ａがきわめて温厚な紳士であって、言葉もきわめてやわらかく、そもそも些細なことで人事を壟断するような人物でないとしても、ＢとしてはＡの言葉に抗いがたい場合がある」と指摘する[20]。

高杉（1998）は、彼の多くの経済小説執筆のための取材から「サラリーマンが怯えているのは、結局人事権なんです。（中略）あるところまでは競争で、あるところからは人事権という影に怯えて胡麻すりになっちゃう」[21]とサラリーマンの行動を分析している。

多くの経済小説は、人事権が組織内権力の源泉であり、その権力によって翻弄される人たちを描いている。しかし、経済小説は他の組織にも自分

たちと同じ境遇の人たちがいるという屈折した安堵感を与えるだけで、その解決法は示してはくれない。経営学もまた組織内の権力をほとんど無視している。権力はこうしているうちにますます組織のなかにはびこっている。

4 権力への協調

安易な生き方

　組織の時々の権力に迎合したりさらにおもねたりすることも、組織では協調性があるといわれる。権力への迎合やおもねることは、組織のなかで苦労の少ない生き方である。逆に、社会から見えにくい組織のなかで権力者に逆らうことは、組織生活を危険にする。つまり、権力者に逆らうことは多くのエネルギーを必要とするばかりでなく、その割に報われない生き方である。したがって、エネルギーの消耗を避けるために権力者に迎合したり、おもねたりしておこうとなりがちである。

　権力者への迎合とおもねりがもたらす精神的葛藤を解決するには、二つの方法がある。一つは自己の利益と引き換えに公正という考えを捨てることであり、もう一つは判断を停止してしまうことである。

　前者の例として、オリンピック招致にからむ不正問題で大きく揺れて、サマランチ会長のもとでこの問題を話し合う委員会役員の「自分たちの既得権が確保されれば、後は会長の独裁的な支配を許すという安易な姿勢」が指摘されている[22]。

　後者の例として半藤（1998）は、ヒトラーと当時の将軍たちの関係を、「ドイツ国防軍の将星（筆者注；将軍の異称）はほとんどが、長いあいだにヒトラーへの阿諛追従や無抵抗・従順になれきってしまっており、まともな判断力を喪失していたかのように思われる。強力な独裁者のもとでは良識や常識は不必要であり、必要なのはいつでも保身のために判断停止という手続きだけなのである[23]」と述べている。

　権力者に従って公正という考えを捨て、判断を停止して権力者の命ずる

ままに考え、行動することは摩擦が少なく、少なくとも短期的には得るものが多い生き方である。しかし、自分で決定することを止めたために失うものも多い。

つまり、自己決定を行わないということは、大事な判断能力を失う。こうした大事なものを失う代償を払ってまで、権力者から組織のなかで地位を与えられることにどれほどの価値があるのだろうか[24]。

組織の政治化

権力の追求が、高い価値や目的のために行われるものなら、権力欲をあながち非難する必要はないのかもしれない。そのために権力はしばしば崇高な価値や目的をかかげてその実体を粉飾しようとする。その結果、権力の目的が崇高な価値の追求である場合には、たとえ権力現象が目立っても、崇高な価値追求の方に注意が向けられ、その権力のダーティな側面に目をつむる、ということさえしばしばある。

高度成長下で、組織のなかで権力が行使されていることは周知の事実でありながら、あえてそれを無視あるいは軽視してきたのは、権力の行使の目的がなんであれ結果が良かったことによる。

こうした傾向は政治の世界では常識である。丸山（1995）は、政治を「政治にとって政治目的通りに現実が動くということが生命だから、実際政治家の言動はたえず『効果』によって規定される。（中略）政治家の良否は彼の政策が現実にもたらした結果によって判断され、彼の権力の動機の善悪は少なくとも第一義的な問題とならず、政治家の責任は結果責任である」と述べている[25]。

同様に、企業組織でも業績という結果がすべてであり、業績を達成していれば、その過程における権力行使とそれによる組織成員の被害がかえりみられることは少ない。政治の世界の常識が組織の世界にも常識となり、組織は政治的になってしまっている。

しかし現代の組織は、結果さえ良ければその過程はどうでもよいというものではない。ところが、組織の内部は、政治家（ステーツマン）ならま

だしも、政治屋（ポリティシャン）がはびこる場となっている。政治屋の目的は、崇高な目的ではない。政治屋は自己の利益さえ達成できれば組織や他の成員はどうなってもかまわないという人びとである。しかも、組織は政治と違って第三者の監視のない密室で行われる世界である。そのために、彼らの行動にはコントロールがきかなくなっている。

5　ポリティクス

　このような組織のなかのリーダーシップや権力のもとでは、組織成員はポリティクスを考えざるをえなくなる。

　それでは、ポリティクスは先行研究ではどのように定義されているのであろうか。各研究者は、組織内のポリティカル行動のどの側面を解明したいかによって、ポリティクスを定義している。

　フェッファー（1981）は、「組織のポリティクスは、選択肢について不確実性ないし不一致が存在する状況下で、自分の望む結果を手にいれるために、パワーやその他の諸資源を獲得し、発展させ、それらを使うために組織内で取られる活動である[26]」と定義する。フェッファーは、組織のポリティクスと一般的な組織管理行動を区別するものとし①複数の人びとの間で、②不確実性や意見の不一致を利用して、③自己の利益を図ることに、ポリティクスの特徴が示されていると考えている。本書ではこの定義を採用する。

意思決定のポリティクス

　先に述べたように日本の組織の人事評価は、失敗の減点（減点評価）によって決まる。それでは組織における失敗とはなんであろうか。組織のなかの失敗は意思決定と結果の帰属のときに起こる。

　組織のなかではあらゆる階層で意思決定が行われ、意思決定がスムーズに行われないと仕事は順調に運ばない。ところが、意思決定の責任のある位置にいながら意思決定を行わない場合がしばしばある。いわゆる"先送

り"である。権力は、一般に意思決定を行うときに行使されると考えられているが、日本の組織ではむしろ意思決定を行わないこと、意思決定の結果責任を負わないことに権力を行使する場合が多い。

　もちろん日本の組織でも、昇進していくためには意思決定を的確に迅速に行う能力を顕示する必要がある。ところが、意思決定をしなくても意思決定の能力がないとか、優柔不断と人事評価されない地位につくと、すなわち、彼自身が評価者になるか、もしくはもっぱら成果だけで評価されるような地位についてしまえば、意思決定をしなくなる。意思決定しないことが安全だからである。

　ここで、意思決定のポリティクスが起こる。意思決定の選択肢について不確実ないし意見の不一致が存在する場合、意思決定をしないで、問題を先送りする。いかにも考えているようにして時間をかせぎ、しかるべきところにおさまるのを待つ。どうしても意思決定をしなければならないときには、部下が待ちきれなくて意思決定するのを黙認する。もちろん、部下は上司の意向を推しはかりながら意思決定をする。しかし、もともと意思決定に不確実や意見の不一致があったものだけにうまくいくとは限らない。上司は部下のその意思決定の結果が良ければそれを追認し、悪ければ部下の失敗とする。組織のなかの多くの失敗は、こうした意思決定のポリティクスのなかで起こる。

権限委譲のポリティクス

　一般にいわれる権限委譲と、実際の組織のなかの権限委譲には認識の違いがある。組織における権限は、職位に付随しているものである。下位の職位は、その職位における職務を行うのに必要な相対的に小さな権限、上位の職位はその職位における職務に対応した相対的に大きな権限がある。本来の権限委譲は、下位の職位の者がその付与された権限だけでは職務を遂行できないときに、上位の職位の者が彼の職位に付与された権限を下位の職位の者がその職務を遂行できるように委譲することである。一般に考えられている権限委譲はこのことを意味している。

しかし、実際の権限委譲は本来職位に付与された権限をすべて取り上げ、職務の実行の都度、本来職位に付与された権限すらこれを行使してもよいかどうかのお伺いをさせたうえで、権限を実行することを権限委譲といっている。すなわち、下位の職位には本来の権限は無いに等しい。当然のことであるが、もともと付与された権限だけで職務を行うことができる場合が多い。つまり、現在のように下位の職位の権限はすべて上位の管理者にあって、その都度、権限委譲されるより、本来付与された権限を上位の職位の者にその都度許可を得ないで行使できる方が、当人にとっては通常の職務の実行がしやすい。したがって、組織上職位に付与された権限を明確にしてまずその権限を自己の裁量で行使できることが、権限委譲より必要である。

　権限委譲のポリティクスは、権限が恣意的に与えられたり、与えられなかったりすることである。もし、必要なときに権限委譲が行われないと、権限という武器を持たないで戦うことになる。能力の発揮といっても、こうした権限が行使できるか、できないかによって違ってくる。

　しかも、こうしてなされた権限委譲も結果から判断して、結果が悪ければ権限の逸脱であると上位の管理者からいわれる危険をはらんでいる。つまり、権限委譲は組織内のポリティクスに利用され、その渦中にいるものはそのポリティクスに翻弄される。権限委譲は美化され、その実態より効果的であると評価されている。こうした権限委譲のポリティクスの実態を知らないで、権限委譲が優れたことだとどうしていえるのだろう。

1) 占部（1978）p 232。
2) 狩俣（1988）p 14。
3) 金井（1991）p 52。
4) 伊丹・加護野（1993）p 389。
5) 中村（1964）p 129。
6) Peter（1970）p 80。
7) 前掲書 p 82。
8) 中村（1964）p 175。

9) 北野 (1989) p 129〜130。
10) Blau (1964) p 105。
11) Packard (1962) p 247。
12) 加護野 (1980) p 178。
13) 寺本 (1992) p 39。
14) 伊丹・加護野 (1989) p 384。
15) 森 (1998) p 123。
16) 木下 (1988) p 17。
17) たとえば、何歳くらいまでにはコレコレの仕事をしておくことが、将来の職務を決めるということである。
18) 『日本経済新聞』1999.1.30.夕刊。
19) 沖藤 (1991) p 27。
20) 杉田 (2000) p 50。
21) 高杉 (1998) p 178。
22) 『日本経済新聞』1999.12.13.夕刊。
23) 半藤 (1998) p 282。
24) Deci (1980) p 34。デシは、「自己決定は自己の意志を活用する過程である。これは自己の限界と制約を受容し自分に働いている諸力を認識し、選択能力を活用し各種能力の支持を得て、自己の要求を満たすことを意味している」という。
25) 丸山 (1995) p 209。
26) Pfeffer (1981) p 7。

第Ⅱ部　組織を活用する人たち

第5章　キャリアをつくる

　1章から3章まで日本の組織の人事制度とその運用の仕方、第4章では組織を動かす力について、少しの長所と、多くの短所、それら短所にかかわる理不尽さを述べてきた。たしかに本書は、ここまで日本の人事制度やその運用、組織のなかの力をあまりにも批判的にとらえてきたかもしれない。けれども、日本の組織はどこかの国の組織より短所や理不尽さが多いとは決していわなかった。また、本書は日本の組織を変えようとも提案しなかった。組織成員が組織を変えることは、組織成員にとってやすいことではないし、効率的でもない。組織を変えるより、組織成員自らが変わる方がたやすい。とはいっても、現在の組織でも他の組織でも、組織に所属していなければ、そして組織を活用できなければ"キャリアづくり"は難しい。
　これまで日本の人事制度について述べてきたのは、こうした制度の長所はいうまでもなく、短所さらに理不尽さをも前提条件としてキャリアをつくるためであった。キャリアをつくる上で、1～4章で述べてきた組織の

短所や理不尽さは決して悪いことばかりではない。現在の組織との関係が順調であり、居心地がよく、楽に仕事ができることが"キャリアづくり"の大きな障害になることすらある。誰でも居心地がよいところから離れたくない、この立場を失いたくないと思う。人間は、居心地がよいと努力しなくなって進歩が止まる。逆に、組織との関係がうまくいかず、さらには理不尽さを味わっているときこそ問題意識をもち"キャリアづくり"にはげむことになる。したがって、"キャリアづくり"の条件として現在所属する組織から他の組織への転出を前提のように考えるのは正しくない。他の組織でも、同じようなあるいは別の短所や理不尽が待ち受けているからである。組織を移動するよりまず自らが変化することである。

1 キャリアについて

三つの新しい視点

組織成員にとって、キャリアについて考え方を変えなければならない点が三つある。第1に、組織につくってもらうキャリアから、自分のキャリアは自分でつくるように考え方を変えることである。

第2に、自分のキャリアは組織の寿命と無関係につくっていくという意識に変えることである。これまで絶対につぶれないと考えられていた大企業や組織が現在倒産に追い込まれたり、倒産とまでいかなくてもリストラによって人員整理を行ったりしている。したがって、現在所属する組織は組織成員にとって個人の全キャリアを託す場所ではなくなっている。個人は、企業が倒産しても、リストラにあっても、組織が解散してもキャリアを発展させていかなければならない。また幸いに倒産や解散に遭はなかったとしても、同じキャリアはいつまでも通用しなくなっている。

第3に、これまで"キャリアづくり"に役にたたなかった組織に強いられた協調と強いられた競争から、これからは自律的協調と自律的競争によって、キャリアをつくるように変わることである。

筆者は、日本の組織の制度やその運用に押しつぶされて、仕事ができな

くなって閑職に異動させられ、そこでますます能力が発揮できなくなった組織成員を数多く見てきた。しかし、これまで指摘してきた日本の組織のあまりにも強い人事制度も、組織の理不尽も、自分のキャリアを現在所属する組織から離れてもっと広い視野で考えるように変えれば、それほどのものでないことに気づく。がんじがらめで押さえつけられていると思っていた人事制度が、軽いものに変わっていく。組織成員は制度やその運用の呪縛から意識を解放することによって、軽やかにキャリアをつくることができる。

　キャリアは組織のなかだけではなく、学校、職業訓練等によってつくることも可能である。しかし、現在の日本では、組織以外でキャリアを作る場は少ない。したがって、本章では、キャリアは組織で仕事をすることによってつくるという立場をとる。

　要するに組織は、組織成員のキャリアを"つくり"、"伸ばす"道場で、組織の短所や理不尽は訓練であると考える。この認識がまず自己の"キャリアづくり"にとって不可欠なものである。この見解にもとづいて、本章では、一生涯にわたるキャリアを組織のなかでどのように自律的につくるのかを検討する。そして、"キャリアづくり"と自律的協調、自律的競争との関係を考察する。

　　キャリアの定義
　一般にキャリアは、組織階層のなかで昇格・昇進を繰り返しながら、次第に組織の上層階層になっていくことを意味することが多い。そのために、本書は組織における昇格・昇進について述べてきた。さらに本書は、その昇格・昇進が人事制度、人事評価、能力と成果の判定、の過程における偶然によること、また権力やポリティクスに左右されることを述べてきた。自分の貴重なキャリアを偶然や組織のなかの力にまかせることはムダが多い。しかも、一つの組織での昇格や昇進に自分のキャリアを託すことは、他人に自分のキャリアを決められることになる。

　したがって、本書のキャリアは組織内での昇格・昇進を意味しない。当

然その結果としての地位や賃金を意味しない。キャリアは、これらばかりではない。これからは、キャリアを組織のなかの仕事で考えていこう。しかも、本書が対象としているのは普通の組織成員、普通とは特に選ばれた組織成員ではないということ、すなわち普通の組織成員とは、組織の地位を昇っていくのに特別待遇のキャリア・パス（職歴経路）を割当てられない人たちのことである。

　ここで、本書におけるキャリアを定義しよう。キャリアには大きく分けて、仕事上のキャリアと人生全般にわたるキャリアの二つの概念がある。本書では、仕事上のキャリアを考えて次のように定義する。「組織で仕事をしながら意識的・体系的に習得する一連の仕事上の専門知識と専門技術」。つまり、仕事をするなかでひとりでに身につく知識や技術だけでなく意識的に、知識と技術を専門的にするばかりでなく、それらを断片的なままではなく、体系化して応用可能なものにしているのがキャリアである。

　キャリアに関しては、キャリア・ディベロップメント（career development；キャリア発達・キャリア開発）という概念がある。本章の"キャリアをつくる"は組織成員が意識的・体系的に組織のなかで自分のキャリアをつくっていくという意味を表すものである。キャリア・ディベロップメントは、組織が組織成員の能力を育成していくという意味を含んでいるので、本章は組織成員自身の意識的、体系的な面を強調するために"キャリアづくり"という言葉を使う。

　キャリアをこのように定義すると、組織成員が"キャリアをつくる"ということは、仕事を通じて専門性を身につけることと同義となる。

2　日本の組織と専門性

職能資格制度と専門職・専任職

　昇格と昇進を分離して組織成員のモラール（やる気）を維持しながら、能力育成を図ってきた日本の組織は、経済成長が鈍化してくるにつれて、組織規模の拡大による役職者の増加が難しくなった。そのために、役職者

表5-1 役職者の平均年齢の推移

(単位 歳)

年	係長	課長	部長
1980	39.1	43.5	49.0
1999	42.5	46.9	51.9

資料出所：平成12年度版労働白書 原資料 労働省「賃金構造基本統計調査」

表5-2 専門職制度がある企業

(単位 %)

年	企業規模計	5,000人以上	1,000〜4,999人	300〜999人	100〜299人	30〜99人
1981	7.1	36.2	28.1	14.0	8.1	5.6
1987	13.0	43.5	32.9	28.1	19.6	9.0
1990	16.2	57.8	43.0	36.2	17.9	13.0
1993	18.1	60.3	45.3	33.5	22.8	14.2
1996	19.9	58.9	44.9	34.0	23.6	16.5

資料出所：労働省「雇用管理調査」

の割合を高めたものの管理者の平均年齢は上昇しており、昇進の遅れがみられる（表5-1）。この結果、これまで職能資格制度で機能してきた昇格・昇進を分離して、昇格を行い、その相当部分を昇進させるというシステムが働かないようになっている。

　さらに職務の高度化にともない、専門的知識がこれまで以上に必要になったために、大企業では1980年代以降、中小企業では1990年代に入ってから、これまでの管理職への昇進という単一のコースではなく、組織のなかで専門性を生かせる専門職制度を設ける企業が増加している（表5-2）。

専門職・専任職とプロフェッショナル・スペシャリスト

　専門職制度には、組織の基幹部分に関する知識をもった組織成員を処遇する専門職と、優れた技術や経験を生かす専任職というコースを設ける場合が多い。

　これら専門職や専任職と、プロフェッショナルとスペシャリストとの関

係を見ておこう。太田（1993）は、大学等での体系的な教育訓練を通じて得た理論的基礎と汎用性のある専門的知識・技術にもとづく仕事に携わり、専門家団体あるいは専門家社会の基準による能力その他の評価システムが存在している者をプロフェッショナル、一方、保有する知識・技術の内容が単に実務的なもので、特定の組織内でのみ価値をもつような場合をスペシャリスト、と定義している[1]。

田尾（1991）は、多くの研究者の文献からプロフェッショナルの定義を次の五つにまとめている。①専門的な知識・技術（その知識や技術は実際的に活用でき、さらに高等教育機関による体系的なものでなければならない）。②自律性（プロフェッションは、組織の権威に対して干渉されない立場を堅持できる。あるいは堅持しなければならない）。③仕事へのコミットメント（仕事へのコミットメントが非常に強いことが彼らの職業を特徴づけている）。④同業者への準拠（近くの仕事仲間よりも、遠くの同業者との関係を重視することが多い）。⑤倫理性（独自の倫理綱領を遵守する）。したがって、単一の技能に習熟したスペシャリストとは区別すべきであるとしている[2]。

一方、スペシャリストは、a）多くの場合、その知識や技術を所属している組織のなかでのキャリア発達とともに得ている。高等教育機関による学問的な体系性が背景にあることは少ない。経理や財務のプロがこれに当たる。b）組織人としての役割を固定される。あくまでも組織の一員。c）組織を超えての汎用的な性格は乏しい。経理や財務の専門家は他の組織でも通用するが、その組織に精通することが必要。スペシャリストは組織人としての役割があり、その立場を超えることはない[3]。

太田、田尾の両者は、ともにプロフェッショナルの要件として大学・高等教育機関等での、体系的な教育訓練による専門知識、技術をあげている。この要件が、現在組織に所属している人たちにとって難しい。しかし、その他の要件である専門家団体による評価システム（太田）、同業者への準拠（田尾）、仕事へのコミットメント（田尾）、倫理性（田尾）は、組織成員でも可能である。自律性・倫理性（田尾）は、プロフェッショナルに限らず組織成員としても必要なことは第1章から第4章まで述べてきたこと

から読者はすでに理解してもらっている。

　これらの定義によると、日本の組織における専門職の一部はプロフェッショナルといえるであろうが、大半の専門職ならびに、専任職はすべてがスペシャリストである。結局、プロフェッショナルへの残る要件は、知識や技術が体系的なものだという点である。いったん職業についた者が、高等教育機関等で教育を受けることは、以前と比べて容易になったとはいえ今でも簡単ではない。1998年から1999年にかけての日本労働研究機構による大学卒業3年後の「今後の教育訓練の必要性」についての調査によると、男性は「とても感じる」が46.6パーセント、女性50.9パーセント、「やや感じる」が男性34.8パーセント、女性35.3パーセントとなっている。ところが、大学院での再教育を「希望する」は、男性で5.9パーセント、女性で4.3パーセントに過ぎず、「関心はあるが、いくかどうかわからない」は男性36.2パーセント、女性36.1パーセント、"関心がない、行きたいとは思わない"が男性39.7パーセント、女性49.8パーセントである。教育訓練の必要性を感じていても大学院への通学は難しいことが分かる[4]。

　したがって、現在すでに職業についた者にできることは、仕事をしながら体系的な専門的知識・技術を習得するということである。知識・技術の体系化における大学、高等教育機関の役割をよく考えてみると、これらの機関は理論と汎用性のある知識・技術を講義することによって体系化の"基盤"を与えるに過ぎない。当たり前の話だが、体系化するには本人がこの"基盤"を発展させるかどうかにかかっている。したがって、組織のなかにいても自己啓発で基盤の獲得や発展はかならずしもできないことではない。しかし、組織成員の大半にとって、十分な体系化が可能かというと疑問である。そういう意味で、本章における専門性は、プロフェッショナルとスペシャリストの中間、つまりスペシャリストからプロフェッショナルになろうとしている段階であり、セミプロフェッション（半専門職）といわれるものである。田尾（1991）によれば、セミプロフェッションは自立自営が困難であり、被雇用が前提であり、科学としての体系化が十分ではなく、資格を取得し就業できるまでの年限が、完全なプロフェッショ

ンに比べて短く、教育投資が少ない。したがって資格の取得は比較的簡単である[5]。

　セミプロフェッション（半専門職）は、多くの組織成員がめざすことのできるステップであり、本書でいう"キャリアをつくる"はこのステップをめざすことである。このステップになれば、組織に雇用されることが前提であっても、現在の組織からの自立が可能で、現在の組織から他の組織に移動できる可能性がある。上記のプロフェッショナルの定義では、言葉ではっきりと示していないけれども文脈から組織そのものからの独立を含んでいる。しかし、組織成員にとって組織からかならずしも独立する必要はなく、組織を移動できる可能性さえあれば、すなわち組織から心理的に自立していれば、これまで述べてきた組織における昇格・昇進、評価、権力やポリティクスによる理不尽に遭遇しても、現在より随分楽に乗り越えることができる。おまけに、この組織からいつでも移動可能という状態が、自信をよみがえらせる。

　こうした自信ができれば、これまで述べてきた組織の理不尽すらも、これからのキャリアのための教材と思えるようになる。その結果、心理的に現在の組織に縛りつけられないので自立できる。こうした自立意識に加えてかなり体系化した専門知識と専門技術をもつ組織成員を本書ではセミプロフェッションといわないで堂々と"専門家"という。したがって、多くの専門職・専任職は専門家となることができる。

　繰り返すが、本書は心理的に特定の組織から自立することを目的としている。つまり、筆者は組織成員にとってこれで十分だと確信している。「本人はスキあらば辞めてやると思っていたが、気がついてみたら長くその会社にいてしまったような関係が、実は会社と個人の望ましい関係」[6]だという堀の主張に筆者も同感である。

　なにも組織から独立しなくても、組織は決してイヤなもの、辛抱しなければならないものだけではなく、役立つものだからである。もちろん、組織から自立する方法は、本章で述べる専門家ばかりではない。たとえば、学者、芸術家、フリーランサーになるなどいろいろな方法がある。けれど

も本章でいう専門家は、あくまで組織のなかでキャリアをつくる組織成員であり、組織のなかの専門家である。したがって、多くの組織成員に可能な専門家をめざした検討をしていくことになる。

3 組織で専門家となる制度

専門家をめざす組織成員は、組織が自分たちに専門家となる制度を提供してくれることを期待している。したがって、現状における制度がこうした状態かどうかを検討してみよう。

自己申告制度

組織のなかでキャリアを自律的につくっていくための制度として、自己申告制度がある。そして自己申告書で、現在の職種・職務についての意見、これからやりたい職種・職務、自己の個人的事情やこれから起こると予想される家庭内の変化を申告する。これによって、今後の異動やキャリア形成の参考にしてもらう。しかし、この自己申告書が尊重されるかどうかは、経営上の事情によるばかりでなく、あくまで人事部の決定による。組織のなかでは、希望すればするほど、希望しない職務に変えられるとか、異動したいという希望が出ていることを、人事部から上司に告げられることがあるため、本音を申告できないといわれている。そのために、この制度をどこまで信頼していいものか疑問がある。しかし、自己申告制度の利用は、専門家への一つのチャンスであるということは間違いない。

社内公募制度

ある組織成員が、現在所属する組織でいかに能力があり、成果を上げていたとしても、それが広く他の組織あるいは業界に知られるほどの人たちは多くない。社内公募制度は、組織に外部労働市場の機能を持ち込むことであり、組織成員にとって外部の労働市場で新しい職務を見つけるより容易である。一方組織にとっても、社内公募制度は組織内の人材を活用しよ

うというものであり、その人材の発見は他の組織から人材を採用する場合に比較して、はるかに容易である。

社内公募制度がその目的通りに行われると、組織成員にとって自己のキャリアを自律的につくる一つの有力な手段となる。さらに、理不尽な上司から離れられるばかりでなく、その理不尽さに対して無言の抗議ができる。それがひいては、理不尽な上司の行動を改めさせることにつながる可能性がある。

しかし、社内公募制度を人事部主導で行う場合に、人事部の発言権が強く、応募者のこれまでの評価に影響された決定がなされるようだと、公募の意義は失われる。その結果、公募といいながら人事部がこれまでの慣行のなかで選考を行って、従来と変化のないものになってしまう可能性が高い。これは人事部の悪弊というより、これまで蓄積してきた人事情報を生かそうという行動であり、ありがちなことである。しかし、こうしたやり方では、これまで埋もれてきた能力は発掘できない。したがって、社内公募制度はそれぞれの部門の長の意思によって実施し、人事部はその手続きだけをバックアップするというやり方が好ましい。それにしても、社内公募制度では選ばれる人たちが決まってしまいやすいので、多用すると組織全体の異動政策に弊害が出ることから、限定的な運用にとどまるであろう。

OJTの役割

OJT（on-the-job-training）は、職場で仕事をしながら必要が生じる都度、上司、同僚から具体的に職務の知識、技術を教えてもらうものである。そのため、現在の職務を遂行するには効果的な方法である。したがって、組織成員が実務能力を習得する方法として、OJTの役割は大きい。現在の能力習得場所についての調査によると「企業における実務経験（OJTなどによるもの）」が多く、次に「就業後の日常的な自己啓発や勉強」「大学等の高等教育機関での学校教育」となっている[7]。しかしその知識・技術はあくまでもその組織において現在の職務に有効という粋を出ない組織特有のものとなる。一方、人事評価も組織で決めた職能資格要件を基準として評

価する以上、組織に有効かどうかで評価する。結局、OJTならびに評価の両者が現在の組織の枠から離れられない。しかもその場その場の必要に応じて行われるOJTは、知識・技術の体系を欠くことになる。

　㈱リクルートHRD研究所の「日本的人事システムと人材開発についての調査」によると、企業の能力開発に「不満がある」は71.9パーセントもあり、その理由（複数回答）は、「場あたり的で長期的な視点をもっていない」(31.9パーセント)、「現場のニーズに対応しきれていない」(28.5パーセント)、「社員個人の能力水準に応じたものになっていない」(22.4パーセント)などの項目が多い。[8]

　専門家そのものについての調査ではないけれども、三和総合研究所による「戦略的人材の職務能力の育成で企業が重視しているもの」によると「日常業務の中で一般的なOJT」は29.2パーセントにすぎず「育成を目指した体系的OJT」が61.7パーセントとなっている（次頁の表5-3）。戦略的人材には、一般的なOJTよりも体系的なOJTを重視している。

　調査対象も調査の質問文も違うので断定はできないけれども、この二つの調査によると、単なる人材開発と戦略的人材の育成とは、体系化という点が異なるようである。しかも、戦略的人材育成（表5-3）でも「個人による自己啓発」(70.6パーセント)「外部セミナー、研修への参加」(67.5パーセント)の重視がOJTの限界を裏づけている。したがって、本書が対象とする組織成員が、OJTで専門家になるには限界がある。

　OJTに限界があるとすれば、どうすればいいのか。その鍵は上司、同僚に頼り切らないで自ら仕事を学び、仕事に習熟することである。その組織成員についてできあがった評価（相場）は、ある時期を超えると修正することが不可能だとまではいえないけれども、相当に難しくなる。しかし、現在仕事ができる人を、これまで評価が低いからといって仕事をさせないほど組織は狭量ではない。むしろ、業績をあげるためには仕事ができる人に仕事をさせないような余裕はない、といった方が的確な表現かもしれない。すなわち、これまでの評価ではなく、現在仕事ができる人には、仕事をさせてくれるということである。仕事さえやらせてくれれば知識や技術

表5-3 戦略的人材の職務能力の育成で企業が重視しているもの

(単位 %)

項目	割合
日常業務の中で一般的なOJT	29.2
育成を目指した体系的OJT	61.7
部門別、職能別の社内研修	23.9
他社への研修出向	32.2
外部セミナー、研修への参加	67.5
大学院に国内留学	11.1
大学院に海外留学	11.7
個人による自己啓発	70.6
その他	5.6
一般従業員と変わらない	1.9
戦略的人材は社内で育成できない	0.0
無回答	0.6

資料出所:『労働白書』平成11年度版
原資料:㈱三和総合研究所「21世紀に向けての人的能力に関するアンケート調査 (1997)」
(注) 1)「戦略的人材」とは①新規事業や既存事業の拡充といった21世紀に向けての企業活動を推進するために不可欠の人材のうち、②職務内容が明確で、③しかも、そのパフォーマンスが経営を左右するという意味で事業を直接担っている人材
2)「体系的なOJT」とは、日常の業務につきながら行われる職業能力開発で、能力開発に関する計画書を作るなどして教育指導者、対象者、期間、内容等を具体的に定め、段階的、継続的に実施するもの。
3) 複数回答である。

は身につく。これが、本章で組織のなかで専門知識や技術を習得でき、キャリアをつくることができるという論拠である。

4 組織で専門家になる方法

前述の制度(自己申告制度、社内公募制度、OJT)の恩恵に浴さなくても、それぞれの組織成員の工夫で、すでに専門家になっている人たちが存在する。こうした専門家が増えてくれば、組織はそれらの人びとを処遇するために新しい制度をつくったり、制度を改善したりするようになるであろう。しかし繰り返すが、本書は組織成員が変わることが組織を変えるのであって、この逆に、組織がまず変わるのを待つという立場をとらない。私たちの"キャリアづくり"は、組織が変わるのを待っていられない。

けれども、いったん組織のなかに入った人たちが専門知識や技術を身につけることはそう簡単なことではない。それでも、キャリアは組織で働くなかでつくるものである。人間がもっとも活動的な時間は組織で働く時間である。この時間をただ組織のためだけに使うのはもったいない。その時間に"サボル"というのではない。仕事のなかから"キャリアづくり"に役立つものを習得しようと意識することである。

しかし、組織のなかで専門知識・技術を習得できる人もいれば、できない人もいる。その違いは、つぎの二つの概念を意識して日々の仕事をしているかどうかにかかっている。

キャリア・アンカー

個人は、組織での仕事の経験を通して自分の才能や動機・価値観を認識する。シェイン（1978）は、マサチューセッツ工科大学の卒業生44名が職業生活に入った後の10年から12年の長期追跡研究によって、彼らが実際の仕事を経験するまでは、はっきりした形で自分の才能を評価することができなかったことを発見している。彼らの多くは、職業的環境に数年間身をおいてみて、はじめて自分のある種の欲求や価値観や才能に気づいており、また一部の者は、いくつかの仕事、組織、なかには職業を変えてはじめてはっきりした自己像を持つにいたった。そして「人が（職業）選択を行わなければならない場合にその人が最も放棄したくない欲求、価値観、才能の組合せ」をシェインは、「キャリア・アンカー」と名づけている。アンカーは「もし失敗しそうな環境、あるいは自分の欲求が満たされないか自分の価値が危うくされる環境に入るなら、何かもっとしっくりするものに『ひきもどされる』」ことを比喩している。[9]

すなわち個人は、職業について現実の場面で才能や能力をテストすることによって、自覚された才能と能力（できる）、自覚された動機と欲求（やりたい）、自覚された態度と価値（価値がある）に気づき、そうした能力（できる）と動機（やりたい）と価値（価値がある）を統合することによって職業上の自己イメージを作り上げていくものだ、ということを強調する

図5-1 キャリア・アンカー

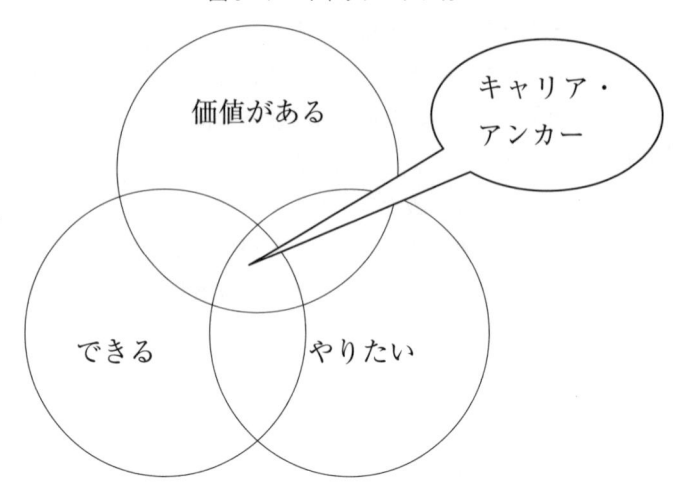

のがキャリア・アンカーという概念である（図5-1）。本書の関連でいえば、キャリア・アンカーは"キャリアづくり"を誘導し、統合する概念である。

日本の組織成員も、これまで職業生活のなかでキャリア・アンカーという言葉を知らなくても、こうした"もの"を発見したであろう。しかし、それを拠点として将来のキャリアをつくっていこうとする組織成員は少なかった。その理由の一つは、日本の組織がどんな仕事でも、組織の命じる仕事に疑いをいだかないで実施するように求めるため、組織成員の意識（できる、やりたい、価値がある）と、組織の命令（できるようにしろ、やれ、目標だ）とには相違があったからである（図5-2）。その結果、組織成員はやむをえず組織の命令に従うけれども、その代わりに自分のキャリアは組織が当然つくってくれるものと考えてきたためである。

それに加えてもうひとつの理由は、発見した"もの"を"キャリアづくり"に役立てる方法が分からなかったことである。

図5-2　仕事に関する組織成員の意識と組織の命令の違い

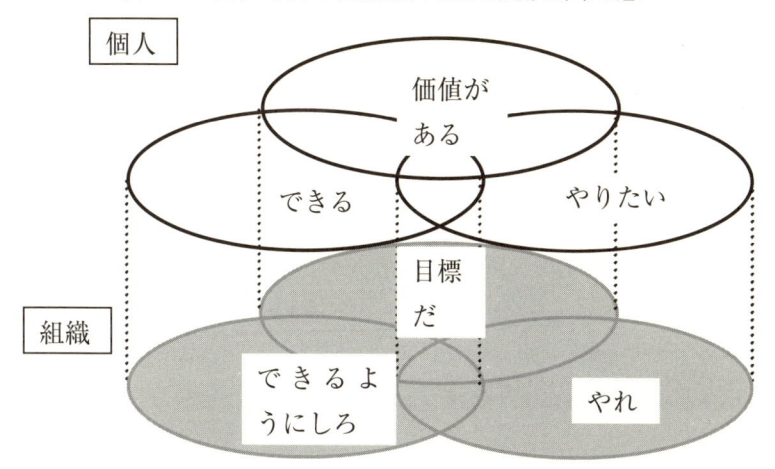

個人：価値がある／できる／やりたい

組織：目標だ／できるようにしろ／やれ

母港

　組織内での"キャリアづくり"について西田（1987）は、"母港"という概念を提示している[10]。これまで日本の組織成員は、組織の意のままに職務の配属を決められていた。そのために現在の配属先に"こしかけ"という意識をもっていた。母港は、職務の専門家を育てるときに、たとえば、最初に人事なら人事が自分の"母港"だと認識すれば、ほかの職務に配属されても、組織成員はつねに人事の観点からその職務を見つめ、その結果、人事としての能力を高めることができるという考え方である。たしかに、漫然といろいろな仕事を行うより、一つの職務を自分の母港と定めて[11]、この観点から仕事を行えば母港とした職務に新たな能力や経験を加えることができる。本書の関連でいえば、母港は、知識と技術に関して専門といえるだけの広さと厚さをもった職務領域という概念である。日本の組織でも明示的、あるいは黙示的であっても組織成員にこうした母港を示す場合がある。たとえば、専門職や技術職には、事務職や管理職に比較して異動周期を長くするという配慮がなされている（表5-4）。この異動周期の長短が母港を知らせる役割を果たしている。こうした配慮があれば、母港とし

表 5-4　人事異動の周期

単位　％

区　分	合計	おおむね2年未満	おおむね2〜5年未満	おおむね5年以上	不明
管理職	100.0	2.0	48.7	46.1	3.3
専門職	100.0	2.0	20.6	68.4	9.1
事務職（大学・大学院卒）	100.0	1.2	44.0	49.0	5.8
事務職（高校・高専・短大卒）	100.0	1.0	37.4	56.3	5.3
技術職・研究職（大学・大学院卒）	100.0	1.1	23.6	61.9	13.4
営業職	100.0	3.1	39.7	52.1	5.1

資料出所：『労働白書』平成10年度版。原資料、日本労働研究機構「構造調整化の人事処遇と職業意識に関する調査（1998）」
(注)　各数値は該当する職種はないと回答した企業を除いた企業に占める割合を示す。

ての職務を決めやすい。

　しかし、組織は組織成員全員に前もって異動までの期間を教えてくれるわけではない。母港という概念をもたせようとしているのは、ごく少数の特別待遇の組織成員や、限られた職種の要員を育成するためのものである。いずれにしても、組織は大多数の普通の組織成員に母港を明示してくれない。

　組織のなかで自律的にキャリアをつくることが難しいのは、現在の職務にどのくらいの期間在籍するのか、どの程度知識や技術を習得すれば、次にどの職務につけるのか、さらに最終的にはどの職務におちつくのかが分からないからである。組織によっては、この職務の次にはあの職務というようなルートがあるといった"うわさ"がある。たしかに、こうしたルートに乗っている特別待遇の組織成員もいる。しかし、例外も多いばかりでなく、もともとこのようなルートに乗る組織成員は少ない。何度もいうように、本書はそうした人たちを対象にしていない。したがって、母港という概念を活用するには、組織成員自らが母港を意識しておいて、ある時点で自ら決める必要がある。

　"母港"をはっきりと決めている専門家と決めていない会社員との違いを黒井（1982）は、自分の会社員としての経験から次のように述べている。

「調査課に属して市場調査の仕事をしていた時、フィールドワークの打合せに訪れてくる調査会社の人間が調査マンであった。(中略) 彼等は職業を持っているのだと、いつも痛いほど感じさせられた。(中略) しかし彼等を『会社員』だと思ったことは一度もなかった。『会社員』である以上に、彼等は『職業』の人だった」[12]。

職業の人を専門家、会社員を組織成員と読み替えれば、専門家と組織成員との違いがはっきり分かる。多くの組織成員は、これまで自分の母港をはっきりと意識しない生き方をしてきたといっていいであろう。

専門家になる第一歩は、自分の母港を決めてその仕事を自分の専門として意識し、自分は何を専門職務にしていると具体的にいうことができるようになることである。

したがって、母港は組織成員自らが自律的に決めるものであって、かならずしも勤務期間が一番長いものとは限らない。組織の意図とは関係なく自律的に決めればいい。しかしこの自律的な決定が難しいので、この決定過程を考えていく。

キャリア・アンカーの発見過程

ここで、キャリア・アンカーの概念によって、"キャリアづくり"を考えてみよう。まず、キャリア・アンカーは具体的にどんなものだろうか。シェインは44名が職業生活に入った10年から12年後の調査により技術的・職業的能力、管理能力、保障と安定、創造性、自律と独立の五つのタイプを発見している（注；キャリア・アンカーは職業上の好みのタイプであって、職務そのものを示す概念ではないことに注意が必要である）。彼らがこうした自分のタイプを見つける過程を考えてみると、"できる"、"やりたい"、"価値がある"の三つを1度に発見したと考えるのは現実的でない。試行錯誤のなかで次第に見つけたものであろう。

次頁の図5-3はこの過程を示している。職種別採用がまだ一般的になっていないわが国では、新入社員は仕事を選べない。したがって"やりたい"は先に来ない。まずこの仕事なら"できる"ことを発見する。次にそ

図5-3 キャリア・アンカーの発見過程

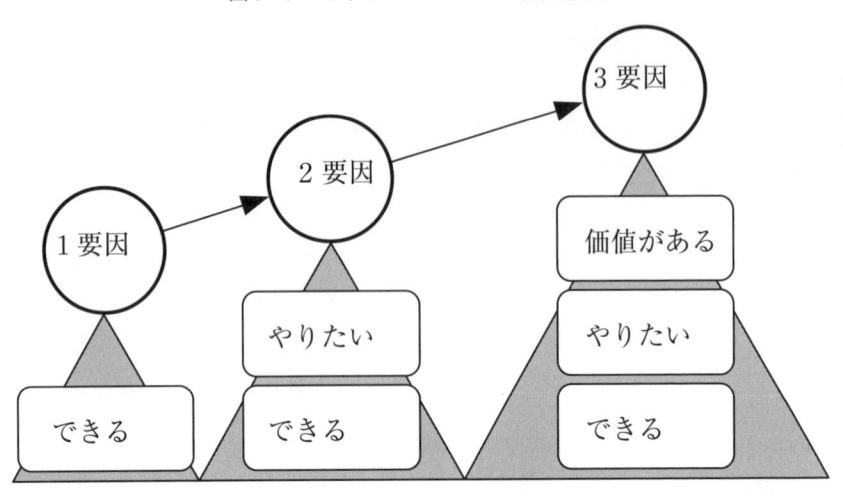

の"できる"が"やりたい"ことかどうか考える。"できる"ことは必ずしも"やりたい"ことではない。たとえば、銀行でお札の勘定が早くできるからといって、お札の整理をする係をやりたいと思わないようなものである。"やりたい"を見つけると、つぎにそれが"価値がある"かどうか判断するという過程をたどったであろう。"価値がある"には大きな意味がある。組織はときとして"価値のないこと"（たとえばバブル期の銀行の不動産融資）を目標とすることがあり、多くの組織成員が個人にとって"価値のないこと"に多大の努力をかたむけている場合も少なくないからである。

さらに日本の組織のようにジョブ・ローテーションがあり、しかも職務の自己申告制度が形式的になっていて、組織成員の希望より組織の意図で組織成員の職務を決めるところでは、キャリア・アンカーは、それぞれのジョブ・ローテーションで割当てられる仕事のなかから発見することになる。したがって、日本の組織のもとでは、キャリア・アンカーの決定までには、いくつものキャリア・アンカー候補があったと考えるのが現実的である。

つまり、キャリア・アンカーを決める過程で"できそう""やれそう""価値がありそう"というキャリア・アンカーの候補となる三つが重なった仕事のタイプがいくつもあったであろう。"そう"が取れてこれがキャリア・アンカーかと思っていたら、ジョブ・ローテーションで異動して、他の職務に変わってしまうことが起きる。またあるときはジョブ・ローテーションにかかわらず同じ仕事をキャリア・アンカーだとすることもある。しかも、これらのキャリア・アンカーの候補も人事評価の影響を受ける。

　管理能力にキャリア・アンカーを見いだしたにもかかわらず、昇格・昇進がともなわなければ技術的・職業的能力にそれを求めることもあり、また逆に技術的・職業的能力から管理能力となることもある。組織から影響を受けて保障と安定にキャリア・アンカーを見いだすこともあれば、組織に限界を感じて創造性、自律と独立をキャリア・アンカーとする場合もある。

　結局、キャリア・アンカーはパーソナリティや個人の能力だけではなく、ジョブ・ローテーションや人事評価といった組織の影響を受けることを免れない。したがって、自分のキャリア・アンカーを早くから一つに決めるというのは現実的ではない。また私たちには一つに決められないほどの可能性がある。ジョブ・ローテーションはこうした可能性を発見させてくれる。私たちは生まれながらに予定された一つのキャリア・アンカーにおさまるものではなく、組織のなかの仕事、パーソナリティ、能力、人事評価との相互作用のなかでひとつのキャリア・アンカーとして次第に収斂していくと考えるべきである。したがって、ここでキャリア・アンカーに収斂していくまでの"仕事の足場"（キャリア・フットホールド）というキャリア・アンカーの下位概念を取り入れる。

　キャリア・フットホールドの始まりは不安定である。次の図5-4はキャリア・フットホールドの萌芽からキャリア・フットホールドへの過程を示している。現在の仕事のなかでは"できそう""興味がもてそう""価値がありそう"と、三つとも"そう"という予想にもとづく頼りないものか

第5章　キャリアをつくる　149

図5-4　キャリア・フットホールドの萌芽からキャリア・フットホールドへ

萌芽

- 現在の仕事のなかでは"価値がありそう"
- 現在の仕事のなかでは"できそう"
- 現在の仕事のなかでは"興味がもてそう"

⇒

- 現在の仕事のなかでは価値がある
- 現在の仕事のなかではできる
- 現在の仕事のなかでは興味がもてる

"そう"がとれてキャリア・フットホールドになる

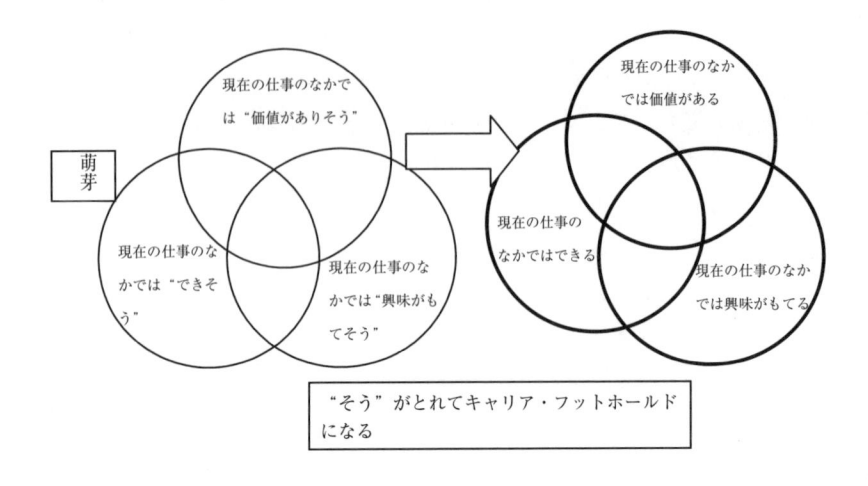

図5-5　ジョブ・ローテーションのなかのキャリア・フットホールド

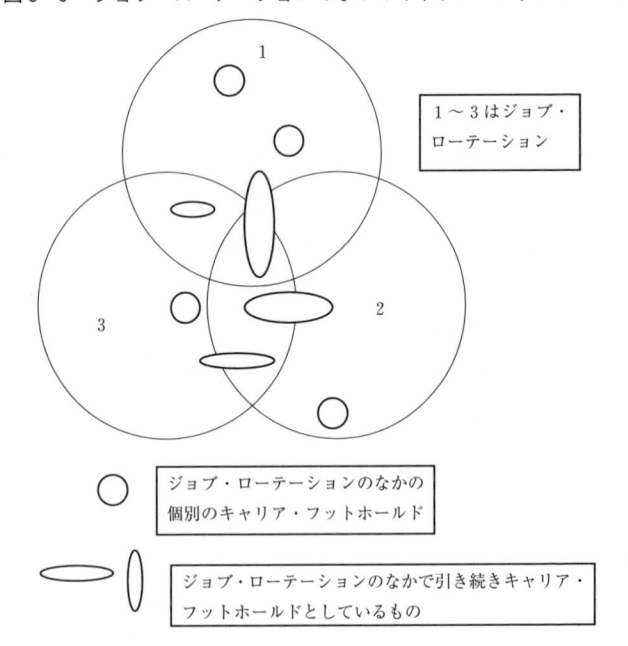

1〜3はジョブ・ローテーション

○　ジョブ・ローテーションのなかの個別のキャリア・フットホールド

⬯ ⬯　ジョブ・ローテーションのなかで引き続きキャリア・フットホールドとしているもの

図5-6　CFD（Career-Foothold Development）モデル

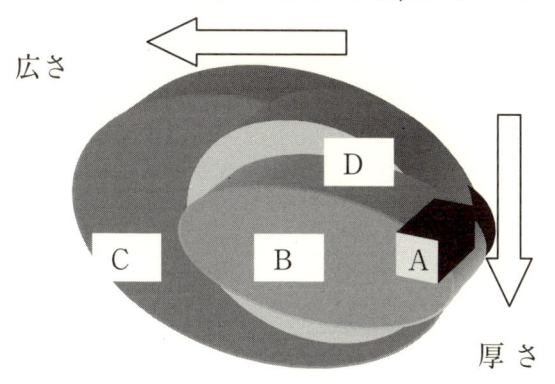

A　キャリア・フットホールド
B　上司・同僚による支援・および仕事を通じて身につけた能力
C　自助努力で身につけた能力
D　当該組織のなかで発揮され、継続的に雇用されることを可能にする能力

ら始まる。この三つから"そう"が取れてやっとキャリア・フットホールドになる。

図5-5は1から3までのジョブ・ローテーションのなかで次々にキャリア・フットホールドを発見していくことを示している。

キャリア・フットホールドの拡大

ジョブ・ローテーションのなかで発見したキャリア・フットホールドを厚くし、広げる過程を図5-6 CFDモデルで説明する。最初に見つけたキャリア・フットホールドは小さな足場（フットホールド）である。したがって、このフットホールドは"キャリアづくり"にとって小さな"とっかかり"である。この小さな足場（A）を上司・同僚による支援、および仕事を通じて能力を広げ（B）、さらに自助努力によって広さと厚さを加え（C）、それらを現在の組織で活用する（D）。こうして小さなキャリア・フットホールド（A）は十分な広さと厚さとその上に実務経験に裏打ちされた地に足のついた役立つ専門性をもった能力となる。重複を含めた全体

（A、B、C、D）は、チャンスさえあればいつでも自己の専門として社会に通用する。つまり、全体がエンプロイアビリティ（他の組織で雇用される能力）を形成する。

　しかし、組織成員がこうした努力をしているとき、ある種の"やましさ"を感じることも事実である。自分は、組織のための仕事というより将来のキャリアだけをこそこそとつくっているのではないかと考えてしまう。こうした考えが、自らの意志による"キャリアづくり"を躊躇させていることが多い。

　たしかにBやCをDに活用しなければ、BやCは組織に隠れて、自らのキャリアのためだけに行っているという"やましさ"から逃れることはできない。すると、BやCを拡大しようという意欲を継続できない。

　しかし、こうした考え方をする必要はまったくない。図のDは、A、B、Cの能力が当該組織のなかで発揮される能力を表している。組織による支援および仕事を通じて広げ、厚くした能力Bはもちろんのこと、自助努力で広げ、厚くした能力Cも当該組織で活かす。現在の組織で発揮される能力Dの拡大がなければ現在の組織の雇用を可能にする能力は、小さなものとなる。それとともに、"キャリアをつくる"ためにDが重要になる。現在の組織で、BやCの知識や技術を使って、しっかりとDで実践に結びつけておかなければ、知識や技術は現実から浮き上がったものにしかならない。さらに、BやCやDは1年や2年の経験では広がりや厚さが少ないので、どんどんと積極的に現在の組織でその能力を活用するのがよい。つまり、Aの発見からB、C、Dの拡大には、組織のなかでの活用期間が必要となる。したがって、組織成員は、CFDモデルにそってキャリア・フットホールドを拡大していくことが、現在の組織にとっても自己のキャリアにとっても役立つと考えるべきである。

フットホールド、アンカーと母港との関係

　事前に予想のつかないジョブ・ローテーションと人事評価のなかで"できる""やりたい""価値がある"は影響を受けざるをえない。たとえば管

理的なことが"やりたい"といっても昇進しなければ"できない"。専門的な技能を身につけたいと思っていてもジョブ・ローテーションが管理職の方向に向かっていくかもしれない。さらに組織が"価値がある"とすることが個人にとっては"価値がない"ことかもしれない。つまり、個人は組織が行う人事評価やジョブ・ローテーションに影響されながらキャリア・フットホールドを発見し、それを変えていかざるをえない。要するに、キャリアの方向は最初からあるのではなく、母港に航行していく途中にキャリア・フットホールドという寄港があり、組織に影響される過程でこれら個別のキャリア・フットホールドを統合していかなければならない。こうして統合するように誘導するのがキャリア・アンカーである。さらにキャリアは、一つ一つの仕事ではなく、複数の仕事の集まり、つまり職務としてのまとまった領域がなければならない。複数のキャリア・フットホールドが広さと厚さをもつ領域となったものが母港である（次頁の図5-7参照）。キャリア・フットホールドを起点にしてキャリア・アンカーに収斂してきたキャリアは、いわば個人の主観的なキャリアである。"キャリアづくり"は組織成員の意志で主観的につくっていくとしても、一方で社会的、客観的に認められなければ職務として説明できない。それが母港、すなわち社会的、客観的に言葉で語ることのできるものである。要するに、コレコレが私の専門職務であると社会に対していうことのできる仕事の領域である。

　ここでキャリア・フットホールドとキャリア・アンカー、母港との関係を筆者の具体例で説明しよう。筆者は銀行に就職してある支店で融資を担当した。担当した業種はかなりあったが、そのなかに清酒業界があった。この業界は従来から新しく融資係になった人が担当することになっていたので、"できそう"であり、筆者はお酒が好きなので"興味がもてそう"であり、その地域の主要な産業だったので、やる"価値がありそう"だと思った（図5-4、図5-6ＣＦＤモデルのAを参照）。

　その支店には清酒業界の資料が豊富にあり、それを読んで習得した知識で10社程度の清酒メーカーの担当者に質問をしながら融資を行った（図5

-6のB)。当時の清酒業界は売上が減少傾向にあったので、関心の領域を、アルコール業界における清酒業界の地位、さらにアルコール業界そのもの、次には輸入されるウイスキーやワインへと知識の広さと厚さを拡大していった（図5-6のC)。こうして当時としては、清酒業界について専門家となり、監督官庁に説明できるまでになった（図5-6のD)。これ以後、筆者は異動を繰り返すごとに、キャリア・フットホールドを設定した。たとえば電機機器の下請業界、薬品業界、穀物取引業界、呉服業界、卸売業界といった具合である（図5-5)。これらの業界についての知識を関係づけていくと（図5-7の←→）共通事項は多くの中小企業の存在であり、中小企業についての知識が必要だと考え始めた。そして中小企業診断士資格の勉強と取得により中小企業についての知識の体系化を図った（図5-7の薄い網かけ)。

次に銀行から総合研究所に出向してコンサルタントになり、これまで銀行員として組織を外からみていたのに対して、今度は企業内部から種々の問題を解決する立場になった。そのとき、これまで銀行員として資金面でしか企業を見ていなかったこと、したがって企業経営に関する体系的な知識不足を痛感することになった。残念ながら、中小企業診断士取得で企業経営の知識を体系化したと考えていたのは思い上がりだった。つまり、経営とか組織といった知識が不足していた。

"経営と組織"に関する職業的能力の養成が自分にとってできること、やりたいこと、価値のあることだと思った（キャリア・アンカーの決定。しかしこの時点ではキャリア・アンカーという言葉をしらない)。"経営と組織"の知識を習得するには大学院で経営学を勉強することが必要だと考えて、大学院に通学することを会社に認めてもらった。そして、大学院に入学して経営学を学んだ。こうしてようやく経営と組織が少しは分かったように思った。今度こそ、これまでの実務経験がアカデミックな知識によって体系化できたように感じた。ここで筆者は、"経営と組織に関する実務と知識の領域"を母港とすることになった（図5-7の濃い網かけ全体)。以後数年間、経営と組織という視点で企業経営のコンサルタントを担当して実務

図5-7 ジョブ・ローテーションのなかのキャリア・フットホールド、キャリア・アンカーと母港の関係

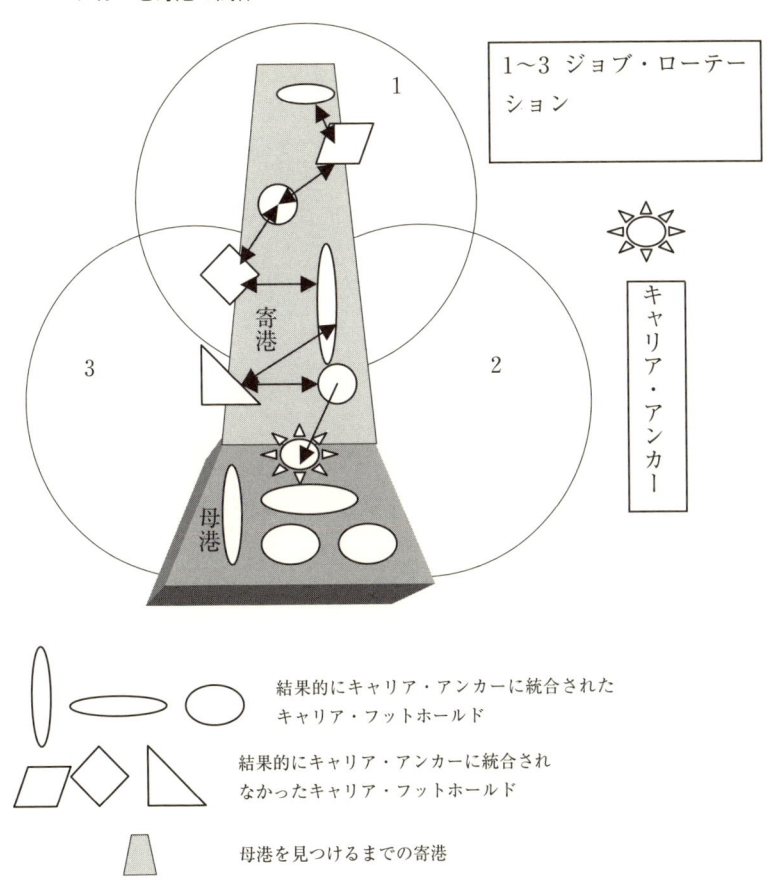

1〜3 ジョブ・ローテーション

キャリア・アンカー

寄港

母港

結果的にキャリア・アンカーに統合された
キャリア・フットホールド

結果的にキャリア・アンカーに統合され
なかったキャリア・フットホールド

母港を見つけるまでの寄港

を経験（図5-6のB、D）した後、大学の経営学部に実務経験を買われて教員として転出した。

　このように書いていると、銀行に就職したときから大学の教員になるように"キャリアづくり"をしたように考える読者もおられるかもしれない。しかし、最初に配属された支店で清酒業界をキャリア・フットホールドと決めてから、それ以後のキャリア・フットホールドは異動によって担当し

第5章　キャリアをつくる　155

た業界のなかから選んだものである。今から考えると、キャリア・アンカーに統合しなかったキャリア・フットホールドもある（図5-7の三角形、菱形、具体的には外国為替業務等）。コンサルタントになったのも組織の意向である。ただこのなかで意識的に行ったのは、中小企業診断士資格取得と大学院通学である。中小企業診断士は独学だから組織と直接関係がないけれども、大学院通学は組織の承認と理解が必要であった。

　筆者は、概略このようなやり方で"キャリアづくり"をしてきた。このように組織の意向のままに動きながらの"キャリアづくり"は多くの組織成員にとっても可能である。この考えが、本書の出発点である。

　組織成員は異動においても、職務内容についても組織の意向のままに動かされる。しかし、そのなかでキャリア・フットホールドを決定し、次々にその数を増やしながら、それを広げ、厚くしさらに体系化していくという動きを続ければ、明確な母港ができあがる。キャリアというと、何か今までに習得していなかった知識や技術を新しく習得しなければならないようにいわれることが多い。しかし、キャリアはその定義「組織で仕事をしながら意識的・体系的に習得する一連の仕事上の専門知識と専門技術」であり、これから新しい知識や技能を習得しなければつくれないものではない。筆者は、幸運にも大学院に通学したが、時間に制約される組織成員にとって、これが一番難しいかもしれない。しかし、大学院はこれからますます社会人に開かれていくので通学はそれほど難しいことではなくなっている。しかも知識と技術の体系化の機会は、なにも大学院だけとは限らない。教育の機会は多様化している。これらを利用しようという気持次第である。

キャリアを計画すべきか

　キャリアについて多くの実用書がある。これらの本は、できるだけ早く、明確な目標を定めて自分のキャリアを計画するように指導している。しかし、これまで述べてきたような状態にいる組織成員が、キャリアをそのように計画できるだろうか。キャリア計画がまず先に必要という主張が、組

織成員の"キャリアづくり"を、ひるませている。中高年になってしまうと、"まず計画ありき"が、もう間に合わないと"キャリアづくり"を断念させてしまう。筆者は、組織成員にはキャリアは計画できないし、また計画すべきでないと思う。またどの時期からでもキャリアはつくることができると考える。ただ、職業生活の過程でときどきキャリアを考えることは必要である。組織成員にとってキャリアを考える機会は、つぎの二つのときだけである。

　一つは、組織が組織成員に送るシグナルという機会である。たとえば、第2章で述べた自己申告書がどれだけ認められるか、組織のなかでの異動の方向（日の当たる部門か陰の部門か）、社内公募制度で選抜から漏れた、といったときである。これらが組織における自分の将来に対するシグナルである。これらのシグナルから目をそらせてはいけない。この機会にはこれまでのキャリア・フットホールドはなにとなにか、どう統合するかを考えなければいけない。

　もう一つの機会は、ジョブ・ローテーションのなかでこれまでキャリア・フットホールドを見つけてきたけれども、キャリア・フットホールドになりそうな仕事から離れるか、あるいはそういう仕事が組織のなかに"なくなる"場合である。

　そのときには、ジョブ・ローテーションに影響されないでキャリア・アンカーや、母港を決める必要がある。さらには、ジョブ・ローテーションによっては現在の組織から離れざるをえなくなるかもしれない。これら二つの機会には、キャリアを真剣に考える必要があるが、キャリアを事前に計画する必要はない。

　組織成員が一つの組織に公正な人事評価と"キャリアづくり"を求めて、それらをともに満たそうと期待するのは無理である。したがって、計画しなければならないのは、この組織では何を求め、何を満たすかということであって、先の二つの機会まではキャリア・フットホールドを見つけ、CFDモデルによって、能力の広さと厚さを求めているだけでよい。

　また、こうしてつくっているキャリアが労働市場で受け入れられるかど

うかは労働市場の状況に左右される。したがって、キャリアを計画して限定的な狭いものとしておくことはむしろ危険である。さらに、キャリア・フットホールドを見つける過程で労働市場の変化を読み取って、その方向に合ったキャリア・フットホールドをもっているのを確認することも必要である。要するに、前もったキャリア計画ではなく、時流に沿ったキャリア管理である。そこで"まえがき"で述べたように組織成員は"キャリア管理学"を必要とするのである。

賢さにこだわらない

　キャリアをつくっていく過程でいわゆる"賢さ"にこだわるのは長い目でみて、得をするとは思えない。組織成員がキャリアをつくるには長期的視点がいる。人生80年時代になって、さらにこの視点は長くなってきた。たとえば、現在の組織は面白くないとか、ましてや今より賃金が高いから他の組織に移るという行動は、そこで長続きしなかったり、知識や技術の習得に不利になったりすれば"賢い"行動とはいえない。自分のキャリアを長期的視点で考えれば、行動は変わってくる。

　これからの組織は専門家を必要としているので、組織で専門家を育成していこうとしている。組織は特定の専門家のポストには、あらかじめ決めた人しかつかせない。しかし、すべてのポストがそうではなく、試みにやってみようとか、しばらくやってみようとかいう場合には誰でもよい。そういう時に自分のキャリアをつくるように自ら動くことが大事である。つまり、専門家のキャリアをつくるのは個人の意志であり、組織の変化をうまくとらえてそれに乗っていく、あるいは組織を活用するのはあくまで個人の行動である。このとき、花形分野や昇進につながりそうな分野を狙わないことである。花形分野や昇進に関係のある分野を狙わないのは一見賢い行動には見えない。ところが、今はそれほどでもない、しかし自分のキャリア・アンカーに合った分野を狙うことが自分のキャリアをつくりやすい。というのは、そこでは強いられた競争が少ないからである。

　ある中途退職者で現在は異業種で活躍している人が、もう時効だからと

いってつぎの話をしてくれた。「今から考えると、日本経済がバブルに入ろうとしていたときでした。バブルになってこれまでとは営業のやりかたがまったくといっていいほど変わってしまいました。販売額がこれまでとは一桁大きくなったからです。私はその当時そうした営業方針に疑問をもっていました。賢い人たちはすぐにそれに順応しました。正義感というほどの大それたことではありませんが、わたしはどうもやり方が荒っぽいと感じて、どうしてもそうした無茶な営業ができませんでした。ちょうどいいタイミングに新しい関連会社ができて、そこに行く人を募集というか、打診のようなものがありました。当時この会社にいくことは本業のコースからはずれることでした。周りの人たちのなかには私を落伍者のようにいう人もいました。しかし、その仕事はこれまでと違って専門的な仕事だったので喜んで出向しました。そこに8年間いました。この間の経験が、これまでとはまったく違う今の職業に導いてくれたのです。もとのままだったら現在の私はないと思います。そのまま本業に居続けた人たちが、現在苦労しているのを見ると、あの決断は正しかったとつくづく思います」と話した。筆者は、この人が出向時に今の職業につくために出向したといわなかったところにこの話の真実味を感じた。

　一方で、現在の仕事を愚直にやり抜くという過程もまた必要である。仕事にもよるけれども、毎日同じ仕事を繰り返しているときに賢さにこだわると、これが自分のキャリアにとって将来どう役立つのかと疑問に思えてくる。放り出してしまいたくなる。手を抜きたくなる。しかし、そんなことをしてもキャリアはできない。組織成員が、その組織に特有な知識や技術を身につけようという積極的な行動、少なくともそのような態度を示すことは、汎用的な知識や技術を習得するには一見して賢い行動とはいえない。しかし、こうした行動は汎用的な知識・技術の習得につながる。組織特有の知識・技術を習得したいという姿勢は、教育投資という点で管理者を安心させる。つまり、その人に熱意があれば、その人に組織として教育投資することが無駄にならないからである。したがって、管理者は彼への教育機会を推薦することを躊躇しない。組織成員が専門家になるには汎用

第5章　キャリアをつくる　159

性をもった知識や技術が必要だが、組織に特有な知識や技術習得への積極性をしめさなければ、組織が彼に教育投資するチャンスをそれだけ少なくする。その教育投資が外部派遣によるものなら、汎用的な知識や技術を体系的に獲得することになる。また外部派遣でなくてもすべてが組織に特有なものだけというものでもない。つまり、専門家になるには汎用性が重要だからといって、一見して賢くそれに固執することは自ら汎用性を身につける機会をせばめることになる。

5　組織の役割を見直す

人事異動の積極的受けとめ

人事異動は、組織成員にとって大きな出来事であり、また"キャリアづくり"の上でも貴重な機会である。しかし、組織は組織の論理で人事異動を実施して、かならずしも組織成員のキャリアを考えて行うわけではない。

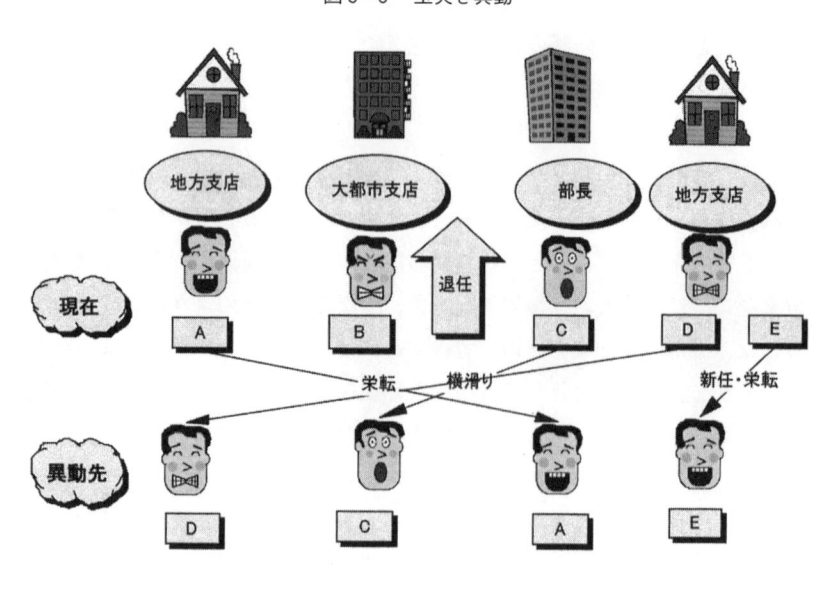

図5-8　玉突き異動

ある企業の支店長の異動を事例にこれを考察してみよう。図5-8は現在、地方都市支店長A、大都市支店長B、本部部長C、地方都市支店長Dの異動である。図のようにBの後をうめる形でC部長がBの後任となり、Cの後任にAが行き、Aの後任に同じ地方支店の支店長Dが行き、そのDの後任に新任支店長としてEが着任している。

　第三者は、この図から誰が出発点か、何のための異動かをどのようにも考えることができる。たとえば、Aを部長にしたいという意図から出発したと読むことができるし、あるいはEを新任の支店長にするためとも、さらにはA、B、C、D、Eすべての人たちのキャリアを考えての異動と読むことも可能である。

　しかし、この異動の読み方は当該組織成員にとって一つしかない。この異動の目的は、B自身あるいは大都市支店に何かが起こり、その責任を問われてBは退任して、その事態を修復するためにCの異動が必要だった。それにともなってAはBの退任の恩恵を受けて部長に昇進するという栄転となり、Dは貧乏くじを引いて、代わり映えのしない同規模の地方支店に横滑りした。Eは新任の支店長としてDの後釜を射止める幸運をものにした、というものである。

　わずか四つのポストの異動だったのでこの異動の目的が分かりやすい。通常は1度に何十人、あるときには何百人の人たちの異動があるので、このようにはっきりとは分からない。しかし、異動人数が多くても異動の考え方に変わりはない。単に、このグループが多いというだけである。

　すなわち、組織にとってどうしても異動させたい人がいて、それにともなって3〜5人を1グループとして多くのグループが異動する。したがって、異動人数が多くなれば、大多数の人たちにとって玉突きの玉のような異動が起こる。図5-8のA、D、Eのような人たちである。同じ玉突きでも栄転（A、E）もあれば横滑り（C、D）もあり、それに一喜一憂するのが組織成員である。つまり、組織は組織全体としての目的から異動を行うのであって、組織が組織成員の意思やキャリアを考慮して異動させる人たちは少ない。したがって、組織の意図にまかせておいたのでは自分の

キャリアをつくれない、あるいは難しい。

　もちろん、異動は組織成員のキャリアをつくるためだけに行われるわけではない。異動は種々の目的のために行われる。白井（1992）は、異動（配転）の目的として業務上、教育、雇用調整、降格・懲戒の四つを挙げている[13]。雇用調整、降格・懲戒は、目的を教えてくれなくても当人にも分かる。ところが、業務上か教育かは分からないことが多い。しかし組織は、この異動（配転）の目的を該当者に教えてくれるわけではない。しかも、それぞれの組織成員ごとに業務上と教育が等しく割当てられるものでもない。

　つまり、これまでの組織成員のキャリアはいわば"人事部作・演出"の結果だった。職種や職務の配置換え、昇進や昇格、出向、早期退職といった筋書きのなかで、見せ場を与えられた主役、敗者復活や努力のすえに遅咲きする脇役たち、という劇的要素を織り込んだ"あやつり芝居"だった。これは人事部を批判しているのではない。私たちでも人事部に所属して、組織を維持し発展させる立場になれば、組織を組織成員より優先させる。それが人事部の仕事だ。人事は"ひとごと"とも読めるように他人事（他人に関することで自分には関係ないこと。『広辞苑』第5版）と同じ語源である。

　したがって、組織がその異動をどのような目的で行っているにしても、組織成員はその異動を組織の意図に関係なく自己の"キャリアづくり"に利用しようという意識をもたなければ、自己のキャリアは漂流を余儀なくされる。

　しかし、この人事異動の見方を変えるとどうだろう。日本の組織では希望する職種に異動しないで、まったく希望していない職種や職務につくことがある。しかし、キャリア・アンカーや母港で説明したように、これらを意識していれば仕事の幅を広げるためには決してムダにはならない。先に述べたキャリアをつくる方法は、能力や運に恵まれた組織成員のものではなく、能力にも運にも恵まれなくてもつくるための方法である。筆者は"キャリアづくり"に組織は不可欠だが、組織に頼らなくてもキャリアを

つくろうと主張し続けている。しかし、筆者は組織のなかで起こる偶然を取り込むことに躊躇しない。日本の組織はそういう意味で、思わぬ機会を与えてくれる。

あるサラリーマン OB はいう。「人事部の命令のままに異動しながらでも専門家になった人たちがいる。この人たちのなかには絶好の機会を与えられそれを活かした人たちもいるが、たいした機会が与えられなかったように思える人たちのなかにも専門性を身につけた人たちがいる。好機の有無だけでその差を説明できないように思う。どこかで機会を利用したのだろうが、意識的に機会を利用して、専門性を発展させたのではないかと思う」と。インタビューしたある支店長は「この支店ではこんなことをやってみよう、こういう経験を積んでみよう、という意識がなければ転勤族は根無し草です」と話してくれた。この支店長のように予想のつかない異動であっても"キャリアづくり"はできる。むしろ、自己独自のキャリアをつくるには新しい職務経験の組み合わせが不可欠であり、思わぬ異動がそのキッカケになる。

組織の意図はどうであれ、人事異動は、キャリア・フットホールドからみればこれまでとは違う仕事に"足場"を築くチャンスである。むしろ変化のない決まりきった職務に自分を押し込める方がキャリアづくりにとってリスクは大きい。

イヤな上司はキャリアをつくる

第1章から4章まで、上司に恵まれる組織成員は少ないように述べてきた。しかし、上司に恵まれない組織成員は、"キャリアづくり"にはこれがかえってプラスにもなりうる。ただしこの場合、その組織のなかでの昇進や昇格は望み薄となる。キャリアとして残るのは仕事しかない。もちろんこれまで述べてきたように、仕事をしても公正に評価されないであろう。ところが、これがまた仕事しかないという意識を強める。しかし一方で、仕事をどんなに熱心にやってもいつも公正に評価されないので、仕事がいやになる人たちもいる。セリグマン（1985）のいう学習性絶望感に陥って

しまう[14]。そうなると何も残らない。"キャリアづくり"は頓挫する。しかし、自分のキャリアをかけがえのないものと考えるなら、仕事は決して手放してはならない。むしろますますのめり込むぐらいでないと具合が悪い。組織成員にとって昇進・昇格は組織人生の節目である。それが思うようにいかなければ、ますます残された仕事に邁進しよう。その目的は、もちろん昇進・昇格ではなく、"キャリアづくり"そのものである。

イヤな上司が"キャリアづくり"に役立つというのは、浜口（1979）の提唱するレファレントパースンのネガティブ版である。浜口は、レファレントパースンを「人生行路の転機に際して、進むべき道を教示し、また実際に援助・斡旋を行うような、当人にとって非常に重要な人物」だという[15]。

どの組織成員でもこうした人物は何人かいるであろう。筆者自身も少なくとも4人いる。しかし、一方でネガティブ・レファレントパースンも2人いる。ネガティブ・レファレントパースンは自ら進むべき道の教示も援助・斡旋もしてくれない。むしろ邪魔をする。しかし、"もう仕事しかない"と覚悟を決めさせてくれる。組織成員には、レファレントパースンの恩恵を受けるだけでなく、ネガティブ・レファレントパースンでも利用する"したたかさ"が必要である。

大きな仕事と豊富な情報
組織には、個人だけではできない大きな仕事のチャンスがあり、しかも豊富な情報が集まってくる。筆者は、今回のインタビューで著名な建築設計士に「なぜ独立しないのですか」と質問した。彼は、「大規模工事の設計は、個人では無理で、組織でなければ受注できない。したがって、組織にいなければ大規模工事の設計のチャンスがない。また組織にいると、多くの技術情報が入ってくる。そのために、個人の設計事務所だと、技術で遅れをとってしまう。さらに、同僚と切磋琢磨する過程で身につける知識は貴重である」という答えであった。組織成員にとって、組織は実地の仕事を通して経験を積み重ね、仕事によって成功体験を味わい、能力を磨くことのできる、"キャリアづくり"にとって格好の場所である。

今の組織に求めるものを決める

　長期雇用が崩れた現状では、一つの組織でマズローのいう5段階の欲求のすべてを充足するのは難しくなっている。ある組織では、低次欲求の充足、そして次の組織において高次欲求の充足というようになるであろう。これを"キャリアづくり"に当てはめれば、この組織ではまずキャリアをつくるだけ、つまりキャリアを一歩一歩確実につくっていくという決心をしていれば、現在の組織で高く評価されなくても我慢ができる。そして、別の組織で高い評価を狙う。一つの組織でキャリアをつくり、それを高く評価してもらうというのはこれまでの長期雇用を前提としている。労働が流動化している現在では、現在の組織で自分の希望を何もかも満たそうとしないで、希望の一部さえ満たせばいいという柔軟な考え方が必要である。こうした軽やかな考え方が、これからの"キャリアづくり"に向いている。

職業能力あっての社会的資格

　現在の雇用不安のなかで組織成員の社会的資格への関心が高い。この傾向は大学生にまで広がっている。さらに資格取得熱は大学の在校生ばかりでなく、受験生が志望校を決める際にも、この大学ではどんな資格がとれるか、ということがおおいに影響する。筆者がオープン・キャンパスで、数十人の高校生と面接した際に半数以上の学生はどんな資格が取得できるかを質問し、なかには親から質問するようにといわれた学生もいた。

　経営者も、「専門的能力を保有していれば、経営環境の変化、経営戦略の変更にともなう職種転換や他社への転籍、出向などという事態になっても対処しやすい、端的にいえばこれからは社外でも通用する人材の育成を目指すべきである」と主張している[16]。

　さらに日経連は、エンプロイアビリティという概念を「労働移動を可能にする能力」と「当該企業の中で発揮され、継続的に雇用されることを可能にする能力」を加えたものとしてとらえ、前者の多くは自助努力により身につける能力だと説明している[17]。

　そこで組織成員は、社会的資格の取得にはげむことになる。しかし資格

が転職に役立つかどうかはそれほど明瞭ではない。アンケート調査によれば比較的取得しやすい資格は所持者が多いために「役立ったか」という質問には、役立ったという回答数が多く出るけれども、逆に「役立たなかったか」という質問があればそれにも多くの回答が出ることもありうるからである。日本労働機構（1998）は、調査結果から「やはり有資格者は再就職に際して有利であったと思われる」と判定した後で、「専門・技術能力と管理能力を兼ね備え、加えて対外的な交渉能力や人的ネットワークも併せ持つといった職業能力を形成してきた人が、さらに資格で補強しているために、高収入での再就職を実現しているということであろう」と結論づけている[18]。あくまで、組織でつくった職業能力が主体であって、資格はそれを補強するにしかすぎないと考えるのがよい。

6　転職

　転職はキャリアをつくるという点で大きな影響をもつ方法である。マスコミは、華やかな転職を繰り返しながらキャリアをつくっている人たちを報道している。しかし多くの組織成員は、組織内で地道な努力をしながら、転職しようか、現在の組織に残ろうかと迷っている。本章はこうした人たちを対象とする。なお本章で用いる転職は自らの意思で勤務する組織を変えることを意味し、組織による出向を対象としていない[19]。

転職と知識・技術
　組織成員は専門知識と技術があれば、どこにでも転職できるというものでもない。なぜなら、その人が本当に専門能力を身につけていても、部外者はそれを知る手段が少なく、またその人も自分の知識と技術を外部に示す機会も限られている。要するに、いかに専門能力があってもそれを売り込んで、外部からそれを認められなければ、転職は難しい。
　ここに格好の事例がある。モーツァルトやバッハは宮廷音楽家になるために王侯貴族に、相対性原理で有名なアインシュタインは安定した職場を

確保するために特許局へ、レオナルド・ダ・ヴィンチも兵器の大家・発明者としてミラノ侯に、それぞれ自分を売り込んでいる。木原（1999）は、「モーツァルトやバッハ、アインシュタインやレオナルドのような人たちですら、『待つ人』ではなく『売り込む人』であったこと、そして、自分を売り込むためにかなり苦労していることを知るのは、ひとつの慰めでもある。しかし、こういった人たちのような卓越した能力を持たない者にとって、自分を売り込むことがもっともっとたいへんなことだと思いしらされるのである[20]」と述べている。

現代は当時と比べて格段に社会の情報伝達力が違うとはいえ、知識・技術をもっているだけでは転職は難しい。

転職を可能にする知識と技術の証明

働くための知識や技術は、学歴や資格では語れない。特に強調しておきたいのは、知っているという知識と技術は役立たないということである。役立つのは具体的になにができるという知識と技術である。働くなかで習得した知識、技術が、何ができるかをもっともよく現している。したがって、自分はなにができるかを具体的に自分の言葉で語れるものをつくることが何よりも優先する。

たとえば、筆者になにができる知識と技術があるかと問われたら、たとえば、「私は実務経験を経営学の理論や仮説を使って説明することができる。一方、経営学の理論や仮説を実務に活かせるように、具体例を使って伝えることができる」という（注；このように具体的にいえるのが理想である。これはあくまで事例であって、残念ながら筆者はいまだ途上にあり、十分にできないことは言うまでもない）。このように、"なにができる"とはっきりと語ることができるようにすることである。ところが、これを他人に分かってもらえる言葉が少ないのが現状である。大久保（2000）は、社会が能力を伝える言語基準を整備することの重要性を指摘している[21]。社会がそういう言葉を用意してくれれば、私たちは自分のできる能力を他人にもっと分かりやすく伝えることができる。しかし組織成員にとって、組織のな

かでどのように能力を発揮して功績を上げたかを外部に伝える言葉が少ない。そういう意味で、最近人事評価の一環として採用されつつあるコンピテンシー（行動特性）は、組織間の共通言語になりそうな期待が持てる。

　筆者は、日本の戦国時代の知恵を復活したい。戦国時代には戦場で手柄があったことを認めて、後日それに報いるという証明のために出す「感状」があった。この「感状」を、組織成員が成果を上げるたびに、組織から証明書のように発行してもらったらどうだろう。たとえば、「あなたは当社の○○製品（商品名××）の販売について市場調査、販路の開拓、販売店からの支援の獲得、各部門との調整、部下の動機づけに主導的役割を果たしました。当社はあなたの企画力、判断力、交渉力、調整力、指導力が同製品の販売に貢献したことを認定します。△△人事部長」。

　このような具体的に記載した証明書（感状）が2～3枚あれば転職がしやすくなる。

　現在成果をあげた直後の処遇面での配慮をみると、「賞与で格差をつける」、「より重要性の高い仕事を担当させる」、「表彰したり報奨金を与える」、「昇進・昇格させる」という配慮が多い（表5-5）。配慮のなかで一番多い「賞与で格差をつける」は一時的な措置であり、「表彰したり報奨金を与える」は、抽象的な表現の表彰状と金一封を意味しているのであろう。今後のキャリアを考えれば一時的な措置より、具体的内容をもった表彰状（証明書）の方が役立つ。

7　専門家と協調性・競争

専門家同士の関係

　専門家もその専門職種のなかでは、互いに競争相手である。しかし、同じ組織内で限られた専門ポストを争うのと違って、組織外の同一職種のポストは多い。太田（1996）は、これを「プロフェッショナルの社会はノン・ゼロ・サムの社会である。分割されるパイの大きさは決まっていない」[22]という。したがって、専門家は互いに連携することができるし、協調するこ

表5-5　成果をあげた直後の処遇面での配慮
（部門責任者、複数回答）

賞与で格差をつける	494
表彰したり報奨金を与える	266
基本給を特別に昇給させる	56
昇進・昇格させる	166
より重要性の高い仕事を担当させる	293
本人の希望する仕事を担当させる	46
時間管理等について自由度を認める	44
教育機会を与える	74
休暇を与える	10
社内外に仕事の成果を明示	91
その他	5
特別の配慮は行っていない	122
無回答	4

資料出所：労働大臣官房政策調査部編「知的創造型労働と人事管理」
(1996) P 101

とによってお互いの専門性を深めることができる。

　先に指摘したように汎用性のある専門性は、組織でのOJTでは身につかない。OJTは専門性を身につける機会を与えてくれるに過ぎず、それを活用して自己研鑽が必要である。それには、それぞれの目標をめざして競争するとともに、お互いの自己研鑽に協調するのが効果的である。競争が必要だとしても「自己の知識と技術を伸ばすために他人と互いに目標をめざして競う」ことであって、「個人間の関係を利害の対立や勝敗・優劣を競う相手と考えて行動すること」ではない。

　三浦（1985）は、ノーベル医学生理学賞受賞者のフランソア・ジャコブに、「偉大な研究をしたいと思っている若い人たちに必要なものは何でしょうか」という質問をしている。すると彼は「よい研究室です。話し合い、手助けしてくれる温かい人たちがいる。そうした環境にいれば、何がよく、何が悪いか、強い研究、弱い研究とは何かなどが分かるようになるからです[23]」と答えている。

　組織成員にとっての研究室は職場である。そして話し合い、手助けして

くれるのは上司、同僚である。三井（1999）によれば、アメリカにおいてMBAが大企業に採用され、重用されているのはその習得した知識によることはもちろんであるが、それ以上に重要な点は各大企業に採用されたMBA取得者が、講義で共通に聞いた言葉でお互いに話ができることだという[24]。

これは専門性にとって有意義な示唆である。つまり、MBAの価値は彼らの高度な経営知識に加えて、仲間の存在にもあることが分かるからある。MBAを専門家とすれば、専門家には意思を伝え合う仲間が必要だということを示唆している。

たしかに、共通語は能力を広い場で発揮するために必要である。最近、Jリーグの若手有望選手が世界の有名サッカーチームに移籍している。彼らのこうした海外への進出は、日本サッカー協会が将来世界と戦える選手の育成を考えて、それまで地域によってバラバラだったサッカーの用語を、世界標準に合わせて英語にしたので彼らが海外に出ても、すぐに溶け込めるのだという[25]。

三輪（1998）によると、ハーバード・ビジネス・スクールはビジネス・スクール・ランキングでこれまであまり良い順位をつけられたことがない、という。

その理由は、ほとんどの項目の評価がAランクであるにもかかわらず、学生のチーム・プレーヤーとしての資質だけがCランクになっているからである。学生のあいだに協力の精神よりも、むしろ競争心をあおるようになっている。そこで最近は授業において、できるだけ多くの「チーム演習」を加えて、学生が個人としてのみならず、良きチーム・プレーヤーとしての能力を発揮できるように、カリキュラム構成や試験方法などを大幅に改革している、という[26]。

先の三井と発言と考え合わせると、ハーバード・ビジネス・スクールのアメリカのビジネス・スクールにおけるランクも、ハーバード・ビジネス・スクール自身の改革も理解できる。つまり本書の主題である、専門家における協調の必要性を裏づける具体的事例である。

専門家の仕事とは

　専門は全体を部分に分け、その部分についての専門性を高めたものである。したがって専門家の仕事は、その性質上１人の専門家だけではまとまった仕事ができない。結局、専門家は他の専門家との相互の協調がなければ自己の専門性を活かすことができない。専門家１人で完結する仕事は、現在のように高度で複雑な商品やサービスが求められる社会では少ない。要するに、１人の専門家はいわば部品であり、この部品だけでは何の働きもできない。たとえば、どんな素晴らしいICであってもIC単体ではパソコンも機械も動かないように部品としての専門性のみで大きな仕事ができる人は少ない。しかも、専門性が高まれば高まるほどこの傾向は強まる。たとえば、銀行の融資判断においてきわめて的確な判断をする人がいるとしよう。彼が専門家であるためには銀行およびその取引先からの情報、それに加えて彼の同僚からの情報、彼の意見を信頼してくれる上司など、つまり銀行という背景と周囲の同僚や上司さらには顧客によって彼の専門性は支えられている。

　ところが、これに対して反対意見がある。筆者が述べてきたことにもっとも当てはまると思われる学者の世界が、かならずしもそうではないという。ある学者に聞くと、「学者のなかには学会で評価される条件がそろっていても、なお仲間の間で目立つ学者の足を引っ張る者がいる」という。どうも、学者も外部で評価される場があるだけでは自律的な協調は起こらないようだ。

　学者も、自らの専門性を高める意欲を失うと、自律的な協調ができなくなる。要するに、専門性向上への意欲の有無が、自律的な協調性の有無を決めるようだ。

8　転職と協調性

職についた経路

　転職者が現在の職についた経路（入職経路）は、「雇用動向調査」によ

第５章　キャリアをつくる　171

表5-6　年齢階級別入職経路

(単位　%)

求職方法	合計	24歳以下	25～29歳	30～34歳	35～39歳	40～44歳	45～49歳	50～54歳	55～59歳	60～64歳	65歳以上
職　安	19.2	19.3	18.1	19.2	18.4	19.8	19.9	20.1	22.6	20.4	8.0
学　校	10.6	23.0	4.7	1.7	0.9	0.4	1.0	0.8	0.3	0.0	0.0
広　告	30.1	29.2	36.5	35.7	34.9	34.2	31.6	26.0	15.8	12.5	6.6
その他	8.6	6.9	8.7	8.1	9.8	8.2	9.2	9.8	10.9	14.0	28.4
縁　故	28.8	20.9	29.6	31.9	32.4	33.1	32.8	35.4	40.5	50.7	56.6
出　向	2.2	0.5	1.8	2.4	2.7	3.1	4.1	6.6	8.8	2.0	0.2
出向復帰	0.6	0.2	0.6	1.1	1.0	1.2	1.4	1.4	1.2	0.4	0.2

資料出所　労働省「雇用動向調査」1995～97年平均

ると年代合計では広告が30.1パーセント，縁故28.8パーセント，職安の利用は19.2パーセントとなっている。年代によって縁故の利用に差があるけれども45歳以上では縁故が主要な経路になっている（表5-6）。

　この傾向は，人間関係が重視される日本の社会ばかりではない。社会学者グラノヴェーター（1995）によるアメリカでの調査によれば，就職は仕事上の知り合い（コンタクト）が紹介してくれる率が高い。そのコンタクトは（1）直接の上司を含む雇用者，（2）同じ会社の同僚，（3）別な会社の同僚，（4）先生である。現在の会社の上司や同僚，経営者との良好な関係はもとより仕事上で知り合った他の会社の同僚が就職情報を与えてくれるのである。[27] したがって，他人をみれば競争相手と見るのではなく，協調していく仲間と考えていくことが転職にとって組織成員として好ましい行動である。

　空いたポストを随時埋める通年採用という形が増えてくると，コンタクトからの情報がより重要となってくる。現在もっとも労働の流動性が激しいとされるシリコンバレーでも，専門家の労働移動には，フォーマルな情報よりも，退職者からの口コミが大きな力をもつ。同じ職種に属する人たちの連携は非常に密なのである。[28]

　こうした結果が競争社会であり，個人主義であり，雇用流動性の高い社会であるアメリカのものであることは，日本が向かおうとしている同様の

社会における私たちに示唆を与える。

協調性は転職を助ける

渡辺（1999）は、「ふだんの生活の中にあなたのキャリアに大きな影響を与える人脈が存在しているのである[29]」と指摘する。つまり、協調が転職の重要な手段となるのである。ところが、部下21人をもつある経理部長（53歳）によると「最近の若い人たちは自分の仕事だけをかっちりと守って、隣の同僚がどんな仕事をしているかに関心を持たない。よその会社の人たちと接触しようともしない」という。この話からすると日本の職場は、すでにアメリカと同様に個人主義になっているという結論になってしまう。しかし、アメリカも単に個人主義だけではないことは既述の通りである。したがって、若いひとたちのこうした態度は、組織にとってはもちろんのこと、本人にとってその場では一見してムダのない行動に見えるけれども、その人が転職する場合に決して合理的とはいえない。私たちはいつも転職を考えて仕事をしているわけではないけれども、協調性を欠くことは職務の領域を広げる機会を失い、さらに長期的には自己の知識と技術を伸ばす機会を放棄し、転職の機会を少なくする。

9　キャリアづくりと自律的協調・自律的競争

本章で述べたようにキャリアをつくっていく上で、第1章から第4章で述べてきた強いられた競争も強いられた協調もまったく関係がない。キャリア・フットホールド（足場）をつくるにも、ましてやキャリア・アンカーにも、こうした強いられた競争・協調など不要なのである。このようにキャリアをつくる場合、組織成員には競争者は誰もいない。むしろ、居るのはともにそれぞれの専門性を身につけるように協調しあう仲間である。どうしても競争者が欲しいというなら、それは同じ専門領域をめざす人たちである。しかし、それらの人たちはどこにいるのか分からない。社会がグローバル化すると、それこそ世界中に同じ専門をめざす人たちがいるから

である。したがって、身近の組織成員同士が競争者などといっている時代ではない。

　これからの社会は、知識によってものを作る、あるいはもののなかに知識を入れ込むことが、これまで以上に必要となる。知識は稀少性のある物的資源と異なり、誰かがある知識を獲得したからといって他の人が獲得できないという性質のものではない。さらに知識には限度がない。強いられた競争によって相手に勝つのはよいとしても、相手に勝っても自分の知識が増えるわけではない。それより、自律的協調によってお互いの知識を増やす方が得である。しかし、自分が与えるよりも、相手からもらうものが少ないと損をすると考えがちである。ある管理者は、彼の職場に、「私からノウハウを教えてもらいたいなら、何か役に立つものを持って来い」と公言する有名受験校出身の中年の人がいる、という。組織のなかには中年になっても受験競争意識から依然として抜け出ていない人もいる。しかし、このように他人に役立つ知識を与えなければ他人から何も得ることはできない。こういう人たちは、与えて、もらうことができないのである。そうではなくて私たちは、お互いに"キャリアづくり"に励む仲間だと考えよう。

1) 太田（1993）p 21。
2) 田尾（1991）p 100～102。
3) 前掲書 p 112。
4) 日本労働研究機構（2001）p 39。
5) 田尾（1991）p 108。
6) 堀（1996）p 100。
7) 『労働白書』平成11年度版 p 220。原資料は㈱三井情報開発総合研究所「今後必要な人的能力とその習得に関する意識調査」(1994)。
8) 『労働白書』平成11年度版 p 417～418。原資料は㈱リクルートＨＲＤ研究所「日本的人事システムと人材開発についての調査」(1995)。
9) Shein（1978）邦訳 p 143～p 144。
10) 西田（1987）p 190。
11) 仕事は企業の経営活動に資する一定の目的をもったもの、職務は複数

の仕事の集まり。
12) 黒井（1982）p 111。
13) 白井（1992）p 127。
14) Seligman（1985）邦訳 p 21。
15) 浜口（1979）p 2。
16) 日経連（1969）p 50。
17) 日経連（1999）p 7、13。
18) 日本労働機構（1998）p 89～91。
19) 転職；一つの職から他の職に転ずること。職業をかえること。組織の意向で関連会社、取引先に移動することは出向、移籍、再就職という。同一組織内で職場を変わることは異動という（『広辞苑』第5版）。
20) 木原（1999）p 23。
21) 大久保（2000）p 190。
22) 太田（1996）p 86。
23) 三浦（1985）p 225。
24) 三井泉（1999）10.31国立民族学博物館、経営人類学研究会発表による。
25) 『アエラ』2001.9.3. No.38 P15、朝日新聞社。
26) 三輪（1998）p 87。
27) Granovetter（1995）邦訳 p 43。
28) 北原（1995）p 90。
29) 渡辺（1999）p 78。

第6章　組織からの自立をめざして

　本章では、第5章で述べた"キャリアづくり"によって、専門家になる過程にある組織成員が、特定の組織から自立していくために、組織の変わらないものと、変化するものを考えておきたい。そのうえで、本書のしめくくりをする。

1　日本の組織で変わらないもの

時流に流されないこと

　経営書は、その時々でそのスタンスを大きく変える。日本の経営について書かれた書物にもこのことがいえる。1980年代に書かれた日本の経営書はもとより、欧米の学者の日本に関する記述は、今となっては褒めすぎであったと考えざるをえない[1]。

　1980年代の日本の人事制度に対する高い評価、すなわち市場主義に偏重しないやり方が賞賛されていたことを考えると、今日の日本の人事制度への批判的な論調との間には隔世の感がある。つまり、当時（1980年代）は日本経済の好調の原因を日本の人事制度に求めた。現在になってこれらの論評を批評するのはたやすいが、結局論評とは現状を説明するものであって、将来を説明するものではないということである。簡単にいえば、論調は状況に応じてその都度変わる。そして今や市場主義万能となり、日本の人事制度は遅れているという主張である。ここで、筆者がいいたいのはどちらが正しいかではなくて、時流に流されてはいけないということである。

　そのときどきの動向に注目するとしても、まず自己のめざすものを明確にしておかなければなければならない。経営や経済は10年にみたない期間

で大きく変わる。しかし、個人のキャリアは30年から50年という期間で考えなければならない。

したがって、一時的に主流の意見に流されると間違った方向に進むことになる。時流の意見の正否をよく考えなければならない。それでは現在の主流の能力主義・成果主義はどうであろうか。

集団的能力主義は変わらない

これまで述べてきたように、日本の職能資格制度はもともと能力主義であり、その厳しさは一般にいわれている以上のものである。しかし、この能力主義が年功的とみられたり、あいまいだと考えられたりしたのは、能力の評価が個人をかならずしもその評価対象としていなかったためである。日本の組織は、業績優先であり業績さえ上げていればすべての問題が解決するという意識が強すぎるのかもしれない。その結果、業績を上げるためには個人の能力はもちろん必要だが、それ以上に集団全体の能力の総和が大きいことこそ重要だという考え方をとってきた。こうした観点から学歴、年齢、勤続年数、同期管理（人事上同一年次入社者をグループとして管理すること）といった集団的管理が行われていた。

このように集団的能力主義で運営してきた日本の組織は、組織の業績が上がらない、業績が上がらないから組織成員の希望を満たせないという閉塞状態に陥ってきた。

集団的能力主義の組織業績への限界が明らかになってきたので、集団的能力主義から個人的能力主義への変化がみられる。その結果、個人の能力や成果といった個人に焦点を当てた個別管理、すなわち能力主義・成果主義が組織にも個人にも浸透しはじめている。

しかし、日本の組織は組織成員の強いられた協調を基調として、賃金や地位に目立った差を長期間つけないようにしながら、そのなかで昇進、昇格において強いられた競争をあおり、人事評価で勝敗が確定した後は、再び強いられた協調のベースに戻し、敗者になった組織成員に階層上で上位となった勝者への協調を強いてきた。さらに、これを確実にするために、

突然の抜擢や、敗者復活というカンフル剤を注射することによって強いられた協調が"なれあい"に陥るのを防止してきた。

人事評価の"あいまいさ"によって階層の上位に、かならずしも優秀な組織成員を選んでいないにもかかわらず、組織が維持されてきたのは、こうしたシステムによって目立たないけれどもしっかりと仕事のできる人たちが支えていたからである。

加護野（1997）は"かたくななまでに原則を守り、そのために労をいとわずまっとうに仕事をする"という意味で"愚直"という言葉を使って、日本の経営の成功の秘訣を説明している[2]。一言でいえば、この愚直によって、日本の組織は維持され発展してきたといってもよい。

アメリカ流のあくまで個人の能力主義ではなく、各個人の能力を評価しながらも、目標は"集団的能力主義"であった。つまり、アメリカは突出した能力のある個人が組織をリードするやり方をとる一方で、日本はそれに集団全体の能力で立ち向かうというやり方である、日本人の資質、考え方、大きくいえば日本文化を考えると、こうした基本構図は今後も変わらないのではないだろうか。

この構図が変わらないかぎり、一般にいわれるほどには能力主義や成果主義が浸透するとは思えない。したがって、組織成員が自己の"キャリアづくり"を、組織の能力主義・成果主義への変化に託すのはリスクが大きいといわざるをえない。要するに、能力を育成し成果を上げれば組織がそれに報いてくれるという過大な期待はかけられないということである。

2　想定される労働環境の変化

しかし、日本の組織がまったく変わらないわけではない。したがって、これからの組織成員のキャリアを考えるには、将来組織がどのように変わっていくかも考えておかねばならない。本書は、現在の組織における問題点を指摘してきた。これらの指摘が正しいとすれば、これから想定できる変化は、これらに関することになるであろう。予想はあくまで予想である

から、以下の短期的かつ確実な予想にとどめておく。

雇用形態の変化

日経連（1995）は、1994年の企業調査にもとづいて企業側の考え方、従業員側の考え方を統合するものとして、雇用形態は長期蓄積能力活用型グループ、高度専門能力活用型グループ、雇用柔軟型グループに分かれてくるという[3]。少なからぬ組織成員もこうした処遇を望んでいるとはいえ、こうした変化は、組織成員の意識を尊重するというより、企業側でこれまでのようにすべての組織成員を長期間雇用するだけの企業体力がなくなったのが原因であろう。しかしながら、依然として企業にとって企業に特有な能力は必要であり、長期間雇用者として保有しておく組織成員が不可欠であるという企業側の考え方にもとづくものである。企業側にこうした意思があるだけでなく、それを受け入れる、あるいは求める組織成員がいるので、こうした傾向は強まるであろう。

仕事の需給が決める賃金

グローバルスタンダードというと市場主義や競争がいわれるが、賃金におけるグローバルスタンダードは仕事給である。これまで述べてきた能力主義・成果主義は仕事の成果で評価する一種の仕事給である。

さらに仕事給は、仕事そのものに需要・供給市場ができると、職種や職務の重要性、あるいは個人の能力や成果に相当する賃金の公平性というより、仕事の需給が賃金を決めるように変化していくであろう。

早期選抜

これまでの人事評価は、評価の差をできるだけ明らかにしないで、ある時点でその差を明らかにするというやり方が行われた。こういうやり方だと、低い評価に気がついたときにはもう遅いということになる。筆者がインタビューした第二の人生に入った人のなかに、今になって自分の評価が分かったという人たちと、現役の途中で分かったという人たちがいる。後

者は、途中でシグナルが出ていたという。

　筆者は途中でシグナルが出ていると考えている。現役の人たちは、自分の人事評価についてのシグナルに気づいていても、なるべく意識しないようにしている。それはシグナルが本人にとって小さく、明瞭ではないからである。つまり、わずかの差である。しかし、そのシグナルを出す時期は早まっているばかりでなく、はっきりと差を分かりやすく出すようになってきている。いわゆる早期選抜である。こうした動きはますます強まるであろう。

組織と短期収支決済の動き
　現在、花形職種・職務についている成員は、賃金の短期的な収支、即時的決済を要求し始めている。彼らが短期収支、即時的決済を要求するのは、これまでのように長期的に収支が合わないからである。これまで組織成員は、長期的に賃金の収支が合えばいいと考えて、若いときには安い賃金に甘んじてきたにもかかわらず、ようやくそれを補塡してくれる中高年になったら、リストラという名目で解雇されている。したがって、現状の組織のやり方をみていれば、組織成員は短期収支決済にこだわる。花形職種はもちろん花形職種についていない人たちも現在所属する組織の存続が怪しくなってきたので、こうした短期収支決済を求める傾向が強くなっている。

3　特定の組織からの自立をめざして

組織からの心理的自立
　日本の組織の変わらないところ、変わるところを述べてきた。こうした状況で組織成員はこれからどうすべきか。答えは特定の組織への心理的な依存を止め、特定の組織から心理的に自立していくことである。また短期で収支をとっていくのであれば、特定の組織にコミットする必要はなくなった。つまり、特定の組織からの自立に心理的な制約がなくなった。別の見方をすれば人事評価や能力主義・成果主義で述べたように、人事評価を

第6章　組織からの自立をめざして　181

そのまま賃金や昇格に反映させる成果主義の結果に納得がいかなければ、組織のやり方に不満を抱いたり、そのやり方を変えようとしたりするよりもその組織を替わってしまえばいい。

しかも、賃金についての公正も仕事の需給で決まるようになれば、これまでこだわってきたことが何であったかと思うようになる。

組織はこれまでよりも組織のなかでの各組織成員の将来の見通しを早く示すようになる。これまでのような遅い選抜、あるいは遅い気づきは、組織成員にとってゼネラリストとしての管理職をめざすか、プロフェッショナルとしての専門家をめざすかの決定を遅らせた。したがって、選抜が早くなることは組織成員にとって、管理職か専門家のどちらをめざすかを早期に決定する契機となる。

雇用形態がこの二つに分かれていくのであれば、組織から指定されるまでに、自らがどの雇用形態でやっていくのかを考えなければならなくなる。どの予想される変化をみても組織成員は、組織から自立して自らのキャリアを管理する必要がますます強まっている。

リスク管理の重要性

組織成員は、これまで各自程度の差はあれ組織に依存してきた。したがって、自らの"キャリアづくり"にリスクをとってこなかったことを認めざるを得ないだろう。しかし情勢は変わってきた。組織はいつまでも存続しないばかりでなく、たとえ存続したとしてもその組織でいつまで働き続けられるか分からなくなってきた。したがって、特定の組織に一生のキャリアを託すのはリスクが大きい。要するに、組織成員は自らの"キャリアづくり"にリスクをとっていく自己責任が必要になってきた。

仕事能力はポータブル

本書は、組織の人事評価制度や評価者の"あいまいさ""恣意性"とそうならざるを得ない事情を述べてきた。けれども私たちは組織から離れるわけにはいかない。もちろん、個人ベンチャーのような事業を起こしたり、

小さな事務所をもって個人で仕事をする SOHO などの動きはあるけれども、それでも私たちの多くは組織で仕事をしていく。

現在の組織制度や運営の理不尽に嫌気がさして、他の組織に移っても、そこで同じあるいは別の理不尽が待ち構えているだけかもしれない。筆者はサラリーマン時代に、ある支店から異動してほっとしたと思いながら、次の支店にいくと、またやっかいな問題が待ち受けているという経験を繰り返してきた。

また組織の理不尽にばかり関心を寄せると、うまく立ち回るか、それができなければ不満をいだいたまま仕事をしていかなければならなくなる。しかし、これまで述べてきたように組織の理不尽の及ぶ範囲は、せいぜい各人の人事評価とそれにともなう地位、賃金の差のみである。しかも、この差はその組織にいるときのみである。もしその組織が破綻すれば、その地位や賃金を他の組織にもっていくことはできない。

ところが、仕事をする能力はどこにでも持って行けるポータブルなものである。どのような組織も安泰ではなくなった現状では、自己のキャリアにとって地位や賃金と、ポータブルな仕事能力の、どちらが重要だろう。いうまでもなく後者の方が重要である。

パラシュートの準備

組織成員は現在の組織からいつでもどこかの組織に安全に飛び下りるように準備しておく必要がある。"キャリアづくり"の締めくくりに、組織成員が組織のなかでこれから取るべき戦略として、ハーシュの戦略を紹介しておこう。ハーシュ（1987）は、次の五つのキャリア戦略を勧めている。

1．あなたのネットワークを耕して、そのネットワークのなかの人たちからあなたの仕事が見えるようにしなさい。
2．リクルーターの呼びかけに応じて、いつでもあなたを売れるようにしておきなさい。
3．一つの会社の仕事に過度に専門化するのを避けてどこでも通じる汎用性を維持しなさい。

4．あなた自身の仕事の成果が分からなくなりやすい長期のグループの課題を避けて、あなたへの信頼性を維持しなさい。

5．あなたのパラシュート袋をパックした状態にして、いつでも飛び出せるようにしなさい[5]。

　このように準備しておくことが重要であって、かならずしも飛び出さなくてもよい。要は準備である。つまり、いつでも準備ができているという組織からの心理的自立である。それを可能とする専門性の習得が必要なのである。したがって、ふたたび堀（1996）の言葉を引用すると「本人はスキあらば辞めてやると思っていたが、気がついてみたら長くその会社にいてしまったような関係が、実は会社と個人の望ましい関係[6]」ということである。

4　本書のまとめ

不確実なものを求めない

　人が人を評価すること、評価によって人を選抜していくのは難しい。どんなに精緻につくった評価制度であっても、かならず欠点がある。多くの評価項目を取り入れれば、何が評価されているのか分からなくなり、恣意的な評価だという批判を免れることができない。それでは特に重要な項目に絞ると、たとえば、自分の考えを他人にうまく伝える、プレゼンス能力が必須だとしてこれを重視すれば、単に口のうまい人が評価されてしまう事態を招きかねない。また、人事評価を人事部が主導権をとる日本の現状から、現場の状況を良く知っているラインにゆだねると、また別の問題が起きる。ライン評価を行っている外資企業系では、「人事部を持たない外資系の会社は、上司の性格ですべてが決まってしまうことから、時として恐怖政治に陥りやすく、日本に進出した外資系でパフォーマンスが上がらず失敗している所は、みなこの問題を多かれ少なかれ抱えています」という事態になる[7]。

　結局、日本の組織でも外資系組織でも組織のなかで他人に公正に評価し

てもらうことに過大な期待をもつことはできない。

　最近、組織のなかの個人を尊重することの重要性が認識されてきた。サラリーマン生活の長い筆者も、組織のなかで個人尊重の実現を望んでいる。ただし、日本で個人尊重が軽視されている理由は、組織成員の能力や成果が正当に評価されないというものである。

　一方、識者のなかには、日本の組織では個人の能力や成果がかならずしも公正に評価されていないとしても、能力のある者、成果を上げている者はそれなりに評価されてきた、と主張する人たちがいる。

　筆者自身さらに今回のインタビューした人たちも、組織成員はそれなりに組織から公正に評価されていると考えている。しかしその公正さに但し書きを付けてである。要するに組織成員の能力を評価する基準があいまいで、分かりにくい割りにはという前提をおいてである。つまりあいまいで、分かりにくい基準にうまく合致した組織成員を高く評価しており、その人たちにとっては公正に評価され、個人が尊重されていることになる。一方、何が評価されているか分からないにもかかわらず、低い評価しか受けなかった人たちは、その評価は公正でなく個人尊重がなされていないと感じる。

　このように日本の組織の人事評価は公正だとも、そうでないともいえる。要するに、それなりに公正なのである。

　選抜を繰り返しながらトップあるいはトップ層に到達した人たちに、どのようにしてなれたかを問えば、状況に合わせて能力を発揮したと答えるであろう。しかしその答えは、同時に上司の権力やポリティクスをうまく自分に有利なようにすることに全力を注いできたとも理解できる。

　人事評価制度はこれからさらに修正が加えられるであろう。それにしても人事評価がもつ評価者との出会い、状況等によって評価が決定するという他律的な面をどうしても免れることはできない。

　日置（1998）は、大学入試を評して「入試にはまぐれがあるから救われる」と試験制度における偶然の効用を評価している[8]。たしかに、組織にも人事評価に"まぐれ"が生じるから、能力のある者も、ない者もそれぞれに働くことができるのかもしれない。組織の人事評価とはその程度のもの

第6章　組織からの自立をめざして　185

図6-1　組織のなかで昇進・昇格するということ

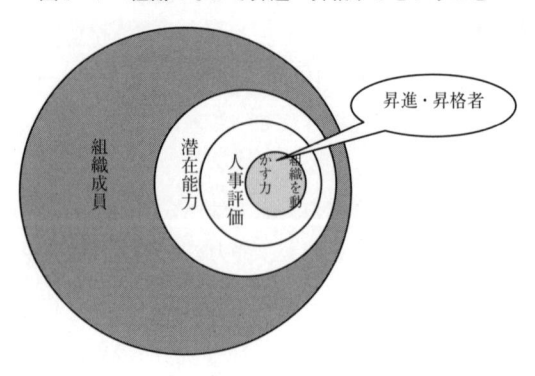

と割り切ってしまうのが、ひとつの精神安定剤になるかもしれない。したがって、こうした"まぐれ"があることを広く社会で認めよう。つまり、能力主義・成果主義といってもその程度のものでしかないのだという認識を持とうではないか。

日本の組織の評価システムは組織成員をいつまでも"がんばらせる"、悪くいえば敗者復活などを使って"翻弄する"システムである。だから、組織成員は組織のなかで昇格・昇進をめざすなといっているのではない。しかし、組織のなかでの昇格・昇進を働くための唯一の目標にすることはあまりにもムダが多く不確実である。

これまでの本書の主張を総合すると「組織のなかで昇進・昇格するということ」(図6-1)はまず潜在能力の不確実な評価で減り、それが毎年の人事評価で絞られ、さらにそのなかから"組織を動かす力"にうまく乗れた者が昇進・昇格者となる。組織のなかで昇進・昇格することはきわめて偶然性の高いものだという結論になる（ただし昇進、昇格のなかで上位の昇進・昇格者を想定している）。

科挙の一次試験である郷試に合格するためには次の四つが必要だといわれた。「竜馬(りゅうめ)（極めてすぐれた馬）のような精神力と驢馬(ろば)（家畜のロバとは異なる。性質が温和で、粗食に耐え、主として荷物を運ぶのに使う動物[9]）のような身体とわらじ虫のような無神経と駱駝(らくだ)のような気力[10]」。この四つは、

186　第Ⅱ部　組織を活用する人たち

そのまま組織成員の昇進・昇格にもあてはまりはしないだろうか。

　問題は、組織によって自分の人事評価をしてもらうということにある。これからの評価・育成・処遇は自分がするのだ。自分が主役だ、自分こそが自己の能力と成果を公正に評価できるのだという自信をもって、他人にしてもらう評価にまどわされないで、自らの"キャリアづくり"に励むことこそが大事である、と結論できる。

自律的な協調と競争で専門家になろう

　まず協調性について、第1章で各組織成員の職務範囲があいまいなために組織成員は職務遂行において協調性を強いられること、第2章では、人事評価において上位等級者と下位等級者の間で協調性の重視度が異なり、前者ではタテマエとなった協調性を後者に求めること、第3章では敗れた者から勝者が協調を引き寄せる仕組みがあること、第4章では、権力やポリティクスを許容、黙認することを協調性だとする風潮があること、つまり、日本の組織には制度によって強いられた協調があることを指摘してきた。

　一方競争について、職能資格制度のあいまいさが昇進・昇格への期待をいつまでも維持させ、さらに人事評価のあいまいさが減点をカバーする期待をもたせる。また能力がある者が組織のなかの競争に勝つという美しき誤解がまかり通っていること、さらに、権力やポリティクスの存在はこれに服従していれば逆転が可能ではないかという期待を持たせる。これらが組織成員をいつまでも競争にあけくれさせる。要するに、組織のなかの競争は組織成員の心の持ち方というより制度によって促進される。

　組織成員は、他の組織成員との"競争に勝つ"ことに生理的・心理的エネルギーをおびただしく使っている。それにもかかわらず"競争に勝つ"ことは一般に考えられているように組織成員の知識や技術を向上させるものではなく、組織のなかで"競争に勝つ"ためのテクニックを身につけさせるものでしかない。しかも、そのテクニックはその組織に固有のものであり、他の組織にそのまま適用できるものではない。こうして浪費される

生理的・心理的エネルギーを、仕事上の知識や技術の習得に向ければ、組織成員は今よりさらに汎用的でいっそう専門的な知識や技術の獲得が可能となり、経済や雇用状況の変化にも上手に対応できるようになるであろう。
　組織成員は組織を活用して自己を打ち立てていく、つまり組織のなかで仕事をしながら自己の努力で自分の能力を上げていかなければならない。そうした知識や技術を身につけ、個人として組織から自立するためには、組織成員自身が組織のなかで協調と競争を自律的に行っていく必要がある。
　組織の変化に多くを期待しない、あるいは組織が変化するのを待てない筆者は、組織成員がただちに協調と競争についての新しい視点をとる必要性を主張する。特に競争社会や組織のなかで長年生きて来た者、その競争の結果がかならずしも当初の予想のように、あるいは希望していたようにならなかった者にとって、勝敗・優劣を競うという競争意識から早く脱却することが必要である。
　こうした競争を考えるために、スポーツの競争を取り上げよう。スポーツと組織における個人には相手が存在するという共通点がある。そのために組織と個人との関係を考えるとき、スポーツをアナロジーとして取り上げるのが説明しやすく、理解しやすい。スポーツは相手との関係から2種類に分けられる。一つは互いに対抗しあって、つまり互いに組みあって行うもの、もう一つは同じ場で競技するがお互いには組み合わないものである。前者の例としてボクシング、レスリングのような格闘技、さらにはラグビー、アメリカンフットボール、サッカー等がある。後者にはゴルフ、ボーリング、体操、スキーのジャンプ競技等がある。こうした2種類のスポーツに同じ競争という言葉が使われる。しかし、この2種類のスポーツには競争の仕方に相違がある。前者は対抗して行うために相手の失敗はただちにこちらの得点となる。一方、後者はお互いに競っているとはいえ、相手の失敗がそのまま自分の得点にならない。つまり、まず自分の記録がよくなければ、相手の失敗は直接的には自分の得にならない。このように競争にも2種類ある。

組織成員はこれまで他の組織成員を対抗する競争相手として、つまり相手の失敗が自分の得点となる競争をしてきた。しかし、専門家をめざすなら、対抗しない競争、組み合わない競争、すなわちどこに競争相手がいるのか分からない、広い社会のなかの専門家との競争になる。こうなると、従来とちがって身近な組織成員はともに専門家をめざす仲間であり、協調する仲間となる。

　日本の組織において、競争しながら昇進していこうとすることは確率が高いとはいえない。昇進にしても昇格にしてもその選抜に多くのあいまいさがあり、昇進・昇格への努力とその結果の結びつきには不確実性が高い。むしろ組織成員は協調しあうことによって仲間とともに自分自身の能力を高め、どこでも通用する能力を育成することの方が確実である。

　次に、筆者は組織が個人にとってムダだとか不要だとかといっているのではないことをあらためて確認しておきたい。組織は、個人にとってキャリアをつくるための培養器であり、教材を提供するものである。組織の価値は、こうした組織を組織成員がどのようにとらえ、それをどう活用するかにかかっている。望ましい組織があるのではなく、その組織を活用するか、組織に翻弄されるかは、組織成員の意識によって決まる。

　本書は、組織が組織成員に冷たいとか企業経営者が彼等に厳しいとかいっているのではない。資本主義社会であるかぎり、現状の組織成員を活用して最大の利益を上げるのが企業の目的であり、経営者の使命である。世の中が、個人間競争の激化に向かっていればその動向にそって、さらにそれを促進して企業の人事政策に利用していくのは当然である。したがって、それが極端でないかぎり経営者を非難しても仕方がない。結局、組織成員のめざすべきは、社会動向を良く見て、その将来を予想するとともに、そのなかでいかに生きていくか、自分のキャリアをつくり上げていくかである。本書の主張は、この目的のために他人を犠牲にする競争ではなく、他人と協調しながら自分を作り上げていこうというものである。私たちの前にこれまでの組織に限定された狭い世界から、広い世界が開かれようとしているとき、現在所属する組織だけを視野においた組織成員間の競争は意

味のないものとなっている。

　人生における勝利とは、当面の相手に勝つことではなく、生涯を通じて自分の目標を達成することである。これからは組織成員が自ら自立的にキャリアをつくる。こうした意欲や能力のある人にとっては、明るい未来が開けている。

　最後に、筆者の次の課題を書いて本書を閉じる。本書は、組織成員が組織のなかで自らキャリアをつくることに限定して述べてきた。日本の組織がこれから変わっていくことを期待するのを意識的に避けてきた。それは組織成員が組織を変えることが容易ではないことに加えて、組織成員が今まで通り、自己の"キャリアづくり"を組織にまかせることのないようにして欲しいという筆者の気持からである。しかし、組織成員にとって大きな影響力のある組織は、組織成員と対立するものではなく、組織あっての組織成員である。また、組織にとっても組織成員の存在があってはじめて組織となる。したがって、組織に対して組織成員を活かすにはどうすべきだという提言が必要である。これが筆者にとって次の課題である。

1)　例えばエズラ.F.ヴォーゲル『ジャパンアズナンバーワン』、ウィリアム.G.オオウチ『セオリーZ』。
2)　加護野（1997）p 291。
3)　日経連（1995）p 291。
4)　自立；他の援助や支配を受けず自分の力で身を立てること。(『広辞苑』第5版)
5)　Hirsch（1987）p 117。
6)　堀（1996）p 100。
7)　林（2000）p 70。
8)　日置（1998）p 65。
9)　『広辞苑』第5版。
10)　宮崎（1963）p 92。

参考文献

浅羽茂 (1995)、『競争と協力の戦略』有斐閣。
荒井一博 (2000)、『文化の経済学　日本的システムは悪くない』文芸春秋。
荒井一博 (1997)、『終身雇用と日本文化　ゲーム論的アプローチ』中央公論社。
Axelrod, R. (1984)、The Evolution of Cooperation, New York: Basic Books Inc. (松田裕之訳『つきあい方の科学』CBS 出版社、1987)。
馬場昌雄 (1991)、『組織行動』白桃書房。
Bell, R. 1984)、 You can Win at Office Politics, New York: Times Books（深谷順訳『オフィス・ポリティックス』講談社、1987)。
Bennis, W.G. (1966)、Changing Organizations, McGraw-Hill, Inc. (幸田一男訳『組織の変革』産業能率短期大学出版部、1968)。
Blau, P.M. (1964)、Exchange and Power in Social Life, John Wiley & Sons（間場寿一・居安正・塩原勉訳『交換と権力』、新曜社、1974)。
Carnegie, D. (1936)、How to Win Friends and Influence People, Simon & Schuster, Inc. (山口博訳『人を動かす』創元社、1958)。
Cialdini, R.B. (1988)、Infuluence; Science and Practice, 2nd edition, Gleanview, Illinois: Scott, Foresman and Company. (社会行動研究会訳『影響力の武器』誠心書房、1991)。
Deci, E.L. (1980)、The Phychology of Self-Determination, Massachusetts; D.C. Heath & Company. (石田梅男訳『自己決定の心理学』誠信書房、1985)。
遠藤公嗣 (1999)、『日本の人事査定』ミネルヴァ書房。
福井謙一 (1987)、『学問の創造』朝日新聞社。
福沢諭吉 (1978)『福翁自伝』岩波書店。
Fukuyama, F. (1995)、Trust, New York; International Creative Management. (加藤寛訳『信無くば立たず』三笠書房、1996)。
古川久敬 (1988 a)、『集団とリーダーシップ』大日本図書。
古川久敬 (1988 b)、『組織デザイン論』誠信書房。
Gabarro, J.J., and J.P. Kotter (1980)、"Managing Your Boss" Harvard Business Review 56, No1, 92-100
Goffman, E. (1959)、The Presentation of Self in Everyday Life Doubleday & Company Inc., (石黒毅訳『行為と演技—日常生活における自己呈示—』誠信書房、1974)。
Granovetter, M. (1974)、Getting a Job, Chicago: The University of Chicago. (渡

辺深訳『転職』ミネルヴァ書房、1998)。
Hirsch, P.（1987)、Pack your own parachute, How to Survive Mergers, and Other Corporate Disasters, Addison-Wesley. Publishing Company, Inc.
長谷川俊明（1988)、『訴訟社会アメリカ』中央公論社。
花田光世（1987)、「人事制度における競争原理の実態」『組織科学』Vol21 No. 2。
浜口恵俊編著（1979)、『日本人にとってキャリアとは—人脈のなかの履歴』日本経済新聞社。
林謙二（2000)、『外資系で働くということ』平凡社。
林周二（1984)、『経営と文化』中央公論社。
半藤一利（1998)、『ノモンハンの夏』文芸春秋。
日置一郎弘一郎（1997)、「日本企業の権力継承」中牧弘允・日置一郎弘一郎編『経営人類学ことはじめ』東方出版、P33-46。
日置一郎弘一郎（1998)、『「出世」のメカニズム』講談社。
樋口美雄（2001)、『人事経済学』生産性出版。
平尾誠二（1998)、『勝者のシステム』講談社。
堀紘一（1996)、『ホワイトカラー改造計画』朝日新聞社。
石田（1985)、『日本企業の国際人事管理』日本労働協会。
伊丹敬之（1987)、『人本主義企業』筑摩書房。
伊丹敬之・加護野忠雄（1993)、『ゼミナール経済学入門』日本経済新聞。
今田幸子（1995)、「年功昇進の謎」今田幸子・平田周一著・奥田健二監修『ホワイトカラーの昇進構造』日本労働研究機構、41-64頁。
今井賢一・伊丹敬之・小池和男（1982)、東洋経済新報社。
今野浩一郎（1998)、『勝ち抜く賃金改革』日本経済新聞社。
今野浩一郎・下田健人（1995)、『資格の経済学』中央公論社。
岩田龍子（1977)、『日本的経営の編成原理』文眞堂。
岩田龍子（1982)、「日本的経営のダイナミズム」濱口恵俊・公文俊平編『日本的集団主義』有斐閣、P 169-193。
加護野忠男（1980)、『経営組織の環境適応』白桃書房。
加護野忠男（1997)、『日本型経営の復権』PHP 研究所。
加護野忠雄（1999)、『競争優位のシステム 事業戦略の静かな革命』PHP 研究所。
加藤秀俊（1969)、『人間開発』中央公論社。
加藤秀俊（1990)、『人生にとって組織とはなにか』中央公論社。
金井壽宏（1991)、『変革型ミドルの探究』白桃書房。
苅谷剛彦（1991)、『学校・職業・選抜の社会学』東京大学出版会。

苅谷剛彦（1995）、『大衆教育社会のゆくえ』中央公論社。
狩俣正雄（1991）、『組織のリーダーシップ』中央経済社。
菊澤研宗（2000）、『組織の不条理』ダイヤモンド社。
北野利信（1989）、「リーダーシップ論の新しい展開」土屋守章・二村敏子編『現代経営学説の系譜』有斐閣、129-143頁。
北原佳郎（1995）、『アメリカ企業の人事戦略』日本経済新聞。
木原武一（1994）、『アインシュタインの就職願書』ＰＨＰ研究所。
木下武男（1999）、『日本人の賃金』平凡社。
木下律子（1988）、『妻たちの企業戦争』世界思想社。
熊沢誠（1997）、『能力主義と企業社会』岩波書店。
黒井千次（1982）、『働くということ』講談社。
Kennedy, M.M. (1980)、Office Politics: Seizing Power, Wielding Clout, New Century Publishing Inc.,（牧野拓司訳『ビジネスマンの社内戦術』TBSブリタニカ、1982）。
小池和男（1981）、『日本の熟練』有斐閣。
小池和男（1997）、『日本企業の人材形成』中央公論社。
神戸大学大学院経営学研究室編（1999）、『経営学大辞典』中央経済社。
Kohn, A. (1986)、No Contest The Case Against Competition, New York: John A. Ware Literary Agency.（山本啓・真水康樹訳『競争社会を超えて』法政大学出版局、1994）。
Latane, B.and J.M.Darley (1970)、The Unresposive Bystander; Why doesn't he help?, New York: Penguin Books USA Inc.（竹村研一・杉崎和子訳『冷淡な傍観者』ブレーン出版、1973）。
Maslow, A.H. (1954)、Motivation and Personality, Harper & Row.（小田忠彦監訳『人間性の心理学』産業能率大学、1971）。
Merton, R.M. (1957)、Social Theory and Social Structure, Toward The Condification of Theory and Research, The Free press（森東吾・森好夫・金沢実・中島竜太郎訳『社会理論と社会構造』みすず書房、1961）。
丸山眞男（1995）、『丸山眞男集　第3巻　人間と政治』岩波書店。
水谷三公（1999）『官僚の風貌（日本の近代13）』中央公論社。
三浦賢一（1985）、『ノーベル賞の発想』朝日新聞社。
宮崎市定（1963）、『科挙』中央公論社。
宮本光晴（1999）、『日本の雇用をどう守るか　日本型職能システムの行方』ＰＨＰ研究所。
三輪裕範（1998）、『ハーバード・ビジネス・スクール　MBAへの道』丸善。

村上耕一・斎藤貞雄（1997）,『機長のマネジメント』産能大学出版部。
森雄繁（1994）,『新しいリーダーシップ像　補佐役』同文舘。
森雄繁（1998 a）,「ジョイント・リーダーシップ」日置・森・高尾・太著『日本企業の副の研究・補佐・代理・支援・』白桃書房。
森雄繁（1998 b）,『権力と組織』白桃書房。
守島基博（1999）,「成果主義の浸透が職場に与える影響」日本労働研究雑誌No. 474、December P2-14。
盛田昭夫（1987）,『メイド・イン・ジャパン』朝日新聞社。
森永卓郎（2000）,『リストラと能力主義』講談社。
中西輝政（1998）,『国まさに滅びんとす』集英社。
中西輝政（1998）,『なぜ国家は衰亡するのか』ＰＨＰ研究所。
中村陽吉（1964）,『集団の心理』大日本図書。
西田耕三（1977）,『なにが仕事意欲をきめるか』白桃書房。
西田耕三（1987）,『日本的経営と人材』講談社。
西田耕三・若林満・岡田和秀（1981）,『組織の行動科学』有斐閣。
日本経営者団体連盟（1969）,『能力主義管理　その理論と実践』日経連出版部。
日本経営者団体連盟（1995）,『新時代の「日本的経営」』日経連出版部。
日本経営者団体連盟（1999）,『エンプロイヤビリティの確立をめざして』日経連出版部。
日本労働研究機構（1998 a）,『中高年者の転職実態と雇用・職業展望』。
日本労働研究機構（1998 b）,『国際比較：大卒ホワイトカラーの人材開発・雇用システム―日、米、独の大企業（2）アンケート調査編』。
日本労働研究機構（2001）,『日欧の大学と職業―高等教育と職業に関する12カ国比較調査結果―』。
大久保幸夫（2000）,『能力を楽しむ社会』日本経済新聞。
太田肇（1993）,『プロフェッショナルと組織』同文舘。
太田肇（1994）,『日本企業と個人』白桃書房。
太田肇（1996）,『個人尊重の組織論』中央公論社。
太田肇（1997）,『仕事人の時代』新潮社。
太田肇（1998）,『個人尊重の組織論』中央公論社。
太田肇（2000）,『「個力」を活かせる組織』日本経済新聞社。
小笠原裕子（1998）,『OLたちのレジスタンス』中央公論社。
岡本浩一（1999）,『能力主義の心理学』講談社。
岡本浩一（2001）,『無責任の構造』PHP研究所。
奥田健二（1990）『日本型経営の未来』TBSブリタニカ。

Packard, V. (1962)、The Pyramid Climbers, London: John Farquharson Ltd., (徳山二郎・波羅勉訳『ピラミッドを登る人々』ダイヤモンド社、1964)。

Peterk, L.J. (1969)、The Peter Principle, New York: William Morrow CO.Inc. (田中融二訳『ピーターの法則』ダイヤモンド社、1970)。

Pfeffer, J. (1977)、"The Ambiguity of Leadership" Academy of Management Review 2: 104-112

Poundstone, W. (1992)、Prisoner's Dilenma, Doubleday (松浦俊輔他訳『囚人のジレンマ』青土社、1995)。

労働大臣官房政策調査部編 (1996)、『知的創造型労働と人事管理』大蔵省印刷局。

労働大臣官房政策調査部編 (1995)、『本的雇用制度の現状と展望』大蔵省印刷局。

齋藤勇 (1998)、『人はなぜ足を引っ張り合うのか』プレジデント社。

堺屋太一 (1993)、『組織の盛衰』PHP研究所。

櫻井稔 (2001)、『雇用リストラ』中央公論社。

佐和隆光 (1992)、『尊厳なき大国』講談社。

Schein, E.H. (1978)、Career Dynamics; Matching Individual and Organizational needs, Reading, MA; Addison-Wesley. (二村敏子・三善勝代訳『キャリア・ダイナミックス』白桃書房、1991年)。

Schein, E.H. (1980)、Organizational Psychology, 3rd edition, Englewood Cliffs, N.J.; Prentice-Hall (松井賚夫訳『組織心理学』岩波書店、1981)。

塩野七生 (1989)、『海の都の物語 上』中央公論社。

塩野七生 (1999)、『ローマ人の物語VIII』新潮社。

島田晴雄 (1994)、『日本の雇用 21世紀への再設計』筑摩書房。

清水博・前川正雄 (1998)、『競争から共創へ』岩波書店。

白井泰四郎 (1992)、『現代日本の労務管理 第2版』東洋経済新報社。

Stiles, P. (1998)、Riding the Bull, New York: Random House, Inc. (村上雅夫・佐々木かおり訳『さよならメリルリンチ』日経BP社、1999)。

杉村芳美 (1997)、『良い仕事の思想』中央公論社。

Seligman, M.E.P (1975)、Helplessness On Depression, Development, and Death, W, H, Freeman and Company, San Francisco (平井久・木村駿監訳『うつ病の行動学—学習性絶望感とは何か』誠心書房、1985)。

関満博 (1993)、『フルセット型産業構造を超えて』中央公論社。

田尾雅夫 (1991)、『組織の心理学』有斐閣。

高杉良 (1998)、『権力必腐』光文社。

高橋俊介 (1999)、『成果主義』東洋経済新報社。

高橋俊介 (2000)、『キャリアショック』東洋経済新報社。

竹内洋（1996）、『日本のメリトクラシー』東京大学出版会。
竹内靖雄（1989）、『経済倫理学のすすめ』講談社。
橘木俊詔（1997）、『昇進のしくみ』東洋経済新報社。
玉木正之（1999）、『スポーツとは何か』講談社。
寺本義也（1992）、『パワーミドル』講談社。
恒吉僚子（1992）、『人間形成の日米比較』中央公論社。
United States Naval Institute,（1959）、Naval Leadership, Annapolis; Naval Institute Press.（武田文男・野中郁次郎訳『リーダーシップ　アメリカ海軍士官候補生読本』生産性出版、1981）。
内橋克人（1999）、『多元的経済社会のヴィジョン』岩波書店。
内野崇（1989）、「ポリティカル・アプローチの展開」土屋守章・二村敏子編『現代経営学説の系譜』有斐閣、245-269頁。
占部都美（1978）、『経営学入門』中央経済社。
若林満（1987）「管理職へのキャリア発達—13年目のフォローアップ」経営行動科学、2、1～13。
若林満・松原敏浩、(1988)、『組織心理学』福村出版。
若林満・原岡一馬、(1990)、『組織の中の人間』福村出版。
Waal, Frans（1989）、B.M, Peacemaking Among Primates, New York: William Moris Agency Inc.,（西田利貞・榎本知郎・久木亮一訳『仲直り戦術』どうぶつ社、1993）。
Walters, K.D（1975）、"Your employee's right to blow the whistle" Harvard Business Review 53（4）:26-34
渡辺一雄（1991）、『悪い奴ほど出世する』徳間書店。
渡辺聰子（1994）、『生きがい創造への組織改革』東洋経済新報社
渡辺深（1999）、『転職のすすめ』講談社。
渡辺充夫（1991）、『MBA　アメリカのビジネス・エリート』講談社。
Weber, Max.（1922）、Soziologische Grundbegriffe（清水幾太郎訳『社会学の根本理念』岩波書店、1972）。
Weber, Max.（1947）、Wirtschaft und Gesellschaft, Grunderiss der Sozialkonomik, Tubingen（濱島朗訳『権力と支配—政治社会学入門』有斐閣、1967）。
Weber, Max.（1956）、Wirtschaft und Gesellschaft, Grundriss der verstehenden Soziologie, vierte, neu herausgegebene Auflage, besorgt von Johannes Winckelmann（世良晃志郎訳『支配の社会学Ⅰ』創文社、1960）。
Wepfer, P. and Schroeder, U.v.（1990）、SR308-startbereit!, Zurich: Svinternational/ Schweizer Verlagshaus AG,（中村昭彦訳『機長の決断』講談社、

1994)。

八代充史（1999)、「人事制度」佐藤博樹・藤村博之・八代充史著『新しい人事労務管理』有斐閣、P53-71。

八代尚宏（1998)、『人事部はもういらない』講談社。

山岸俊男（2000)、『社会的ジレンマ』PHP研究所。

森　雄繁（もり　かつしげ）
1942年　鳥取市に生まれる。
1966年　慶応義塾大学経済学部卒業。
1966年　神戸銀行入行。
1987年　太陽神戸総合研究所に出向。
1991年　神戸大学大学院経営研究科博士課程前期課程修了。
現在　　甲南女子大学人間科学部教授。
著書　　『新しいリーダー像　補佐役』（同文館出版、1994）、
　　　　『権力と組織』（白桃書房、1998）、『日本企業の「副」
　　　　の研究──補佐・代行・支援』（共著、白桃書房、
　　　　1998）

組織のなかのキャリアづくり

2003年5月1日　初版第一刷発行

著　者　森　雄繁
発行者　今東成人
発行所　東方出版㈱
　　　　〒543-0052　大阪市天王寺区大道1-8-15
　　　　Tel.06（6779）9571　Fax.06（6779）9573
印刷所　亜細亜印刷㈱

乱丁・落丁はおとりかえいたします。
ISBN 4-88591-830-8
©2003 printed in Japan

企業博物館の経営人類学
中牧弘允・日置弘一郎［編］　3800円

会社じんるい学 PART II
中牧弘允・日置弘一郎ほか　1700円

会社じんるい学
中牧弘允・日置弘一郎ほか　1800円

経営人類学ことはじめ
会社とサラリーマン
中牧弘允・日置弘一郎［編］　3000円

社葬の経営人類学
中牧弘允［編］2800円

聖と俗のはざま
川村邦光・対馬路人・中牧弘允・田主誠　1500円

支援学
管理社会をこえて
支援基礎論研究会　2800円

21世紀の経営システム
日本経営システム学会編　3800円

＊表示の値段は消費税を含まない本体価格です。